Financial
independence
START!!

40歲開始
子彈存股
翻倍賺

億元教授
鄭廳宜——著

> PART 1
資金巨變下，你必須了解的趨勢指標

> PART 2
畢生受用的存股法則──跟著聯準會走

>PART3
存股選股的 YES & NO

>PART4
想存 ETF 前，一定要知道的事

—推薦序—

書中自有黃金「股」，
書中自有顏如「億」

慈善家／老周

鄭教授與我最日常的對話是：

「大哥，您什麼不會？」

「謙虛。」

「大哥您會什麼樂器？」

「豎笛。」

以上對話，雖然是我與鄭教授之間的哈啦，卻是彼此心領神會的互勉。

任何人都一樣，只要能再謙虛一點，成就一定不同。尤其面對股市多空的巨變，就算你打從內心有多不認同眼前的盤勢，你還是得虛心接受，因為那就是活生生的現實。

空頭市場出書與空頭市場作多一樣不容易！差別是空頭市場作多，多數是死路一條；空頭市場出書，卻能為廣大讀者及股民指引出一條未來獲利的路，或許漫長但值得努力與期待。當然，空頭市場作多與空頭市場出書都需要勇氣；不同的是，空頭市場出書還需要智慧。

鄭教授對行情的判斷，與時下分析師或老師最大的不同是——即時，而且明確。

即時——他從不馬後炮，也不會說得太早。

例如：2020 年 3 月 15 日美國聯邦基金利率調降 4 碼，從 1.25%調降至 0.25%，鄭教授在同年 3 月上 Ettoday「雲端最有錢」節目，就篤定預測美股與台股將大漲；之後當大家說漲幅已大，要居高思危，鄭教授如傳教士般持續在各節目上說：「台股會漲到你無法想像！」

事實勝於雄辯，台股加權指數在 2022 月 1 月 5 日達到 18,619 的新高點。

明確——他從不模稜兩可，講那些：「可以買，但不要追高」「看空，但別殺低」的老生常談。

大家還沉浸於指數新高的歡樂氛圍， 2022 年 4 月，台股指數約在 17,700 點，鄭教授上東森財經台「這不是新聞」、三立財經台 iNews 「錢進新世界」及華視「鈔錢部署」等節目，便直言不諱、公

開潑冷水，明確告訴觀眾準備迎接空頭市場的洗禮，而且暫停所有股市節目的邀約。

鄭教授的智慧與勇氣從何而來？他謙虛的說，是從很多年前孤注一擲的大敗，與事後多年的虛心檢討，謙卑面對投資市場，冷靜的梳理出一套簡單明瞭的股市檢測計──「資金」和「利率」。

鄭教授曾是郵局和金融業專員，39 歲時留學日本，異鄉苦讀取得博士學位，回國任教。年少輕狂，志得意滿，曾因過度自信，擴大槓桿賠光數千萬元的自有資金。因此悟出「等待＋資金＋基本面」的穩健獲利投資心法，重返股市的榮耀。所有的理論與實例都呈現在這本新書《40 歲開始，子彈存股翻倍賺》裡面，開卷有益，書中自有黃金「股」，書中自有顏如「億」。

「太白峰前選佛場，紅燈點雪事非常；聖凡轉換無他術，只歇心頭一念狂。」──《結冬起禪七》／圓瑛法師

股市雖不是選佛場，也不盡然是殺戮戰場，世界上本來就沒有很容易的事，即便是吃飯也是如此。狂心一歇，超凡入聖；靜心、虛心、用心，也能反敗為勝，轉危為安，輸家變贏家，真正享受投資的樂趣。

千萬別把「狂」當成性格或有個性，一不小心會要命的，尤其在詭譎多變的股市。

《易經》有言：「人道惡盈而好謙。」

人的際遇是虧益、流變、福害或好惡，關鍵在於謙卑與否。易經八八六十四卦，只有謙卦六爻皆吉。謙卦的上卦是坤，下卦是艮。坤為地，艮為山。山在地之下，謙虛到了極點。謙卦六爻皆吉，謙虛，所向無敵。

鄭教授在空頭市場中出版著作並開班授課，除了分享他的專業，也有悲憫茫茫股海云云股民的良善面。格局決定結局，態度決定高度；彎腰是增加柔軟度與韌性，不是變矮；不放下身段，如何站穩馬步？

宇宙萬物，森然羅列，世間所有的答案，都在浩瀚的大自然中透露訊息。前輩的智慧：「山風吹過，枯葉飄落；枯葉落地，肥沃了土壤；土壤肥沃了，作物能結實成長；點滴累積……逐步耕耘……」

股市的循環，其實也如實的擺在您的眼前，問題是，您看到了嗎？

「成就」不是「自己成功就好」，而是「造就了多少人成功」。同樣是利益為出發點，利他或利己，成就不同。鄭教授在股市投資得心應手，游刃有餘之際，樂意出書分享，開班解惑，是在投資市場超過三十年的我所樂見與讚嘆的。謹祝新書暢銷，讀者學員喜樂同霑。

—推薦序—

每一次循環都是一次的
財富重分配的開始

先探週刊總主筆／黃啟乙

期待了一段時間，鄭廳宜教授的新書終於出版了！

2022 年對股市投資人，是煎熬的一年。

記得在 2020 年 3 月，疫情進一步蔓延到全球時，各國央行為了救經濟，幾乎同步降息、印鈔票，美國 Fed 更帶頭以無限 QE 的方式的救市。

那個時候，台股因疫情擴散之故，崩跌至 8523.63 點，就在悲觀氣氛充斥市場時，看到全球央行大撒幣，連美國 Fed 的利率，都降至接近零的水準時，鄭教授跟我說：「晚上睡覺時，如果門窗沒有關緊，小心鈔票會一直飛進來」。

就如同鄭教授在這一本新書中，特別提到，投資股票——「不看指數高低，只看利率方向」。

當全球央行大降利率，美國無限 QE 之下，全球的資金成本，幾乎來到史上最低，有價值的資產，尤其股市必將大漲。

果然，台股，甚至全球股市，就在市場最悲觀的氛圍之下，一路大漲而上，尤其是台股更由 8523.63 點，一路走高，不僅突破了三十年來難以攻克的 12,682 點，更在年初，上攻至 18,619.61 點，兩年的時間，大漲了一萬點，創造了台股輝煌的紀錄。

如今，細細品味，那一句話：「不看指數高低，只看利率方向」，再看到今年行情，真的是心有所感。

尤其自去年底之後，全球通膨壓力暴起，再加上 2 月 24 日俄烏戰爭的火上加油，全球通膨之火，一發不可收拾。

在美國 Fed 強力打壓通膨，幾乎暴力升息之下，在利率走升之下，股市只有暴跌難漲，而且美元指數的強攻，更令全球貨幣走貶，成為股市走跌的因。

也許，要看到利率的方向，有轉變時，多頭力量才會重返市場。

又看到，鄭教授提到，「投資是時勢造英雄，不是英雄造時勢」！若要稱台股的第一英雄，非台積電莫屬。迄前三季為止，台積電的業績依然成長，但股價卻自年初的 688 元，不斷回跌、探底。

猶記得過去兩年，不時聽到有很多人在鼓吹「存股」，更有不少人在 600 元以上「存股台積電」。

事實上，「存股」，跟「存錢」不一樣，不是什麼股票、什麼時候都可以「存股」。至少景氣循環股不能拿來存股，股價在高點，也不適合，這些在這一本書中，鄭教授明確傳授了「存股」的技巧。

　　年初的台積電，跟現在的台積電，其實公司的變化不大，業績依然成長；不同的是時勢不一樣了，因為利率的方向，改變了股市的走勢，再偉大的英雄，也會被時勢所困；惟有等待新的時勢來臨。

　　在股市那麼多年，每一次循環，其實都是另一次的財富重分配的開始，更是新的機會降臨，此時鄭廳宜教授新書的出版，在這個時候，好好閱讀，相信有助於掌握下一次發財的機會。

MEMO

_____

_____

_____

_____

_____

_____

_____

_____

_____

_____

_____

_____

虔誠賭徒佈道書

「這是最好的時代，也是最壞的時代……是充滿希望的春天，也是令人絕望的冬天；我們的前途擁有一切，我們的前途一無所有；我們正走向天堂，我們也正直下地獄。」──《雙城記》狄更斯

COVID-19 發生後，台股指數在 2020 年 3 月 19 日來到最低點 8,523 點，經過戲劇性的 V 轉向上，到 2022 年 1 月 5 日台股指數創下歷史新高 18,619 點後反轉而下……

不管是 8,523 點或是 18,619 點，對看懂趨勢心有定見的投資人而言，身處股市如正走向天堂。對於人云亦云、道聽途說的投資人而言，只能隨著不知為何的股市上沖下洗，每天如直下地獄！

是的，我們無法選擇所處的時代，但透過洞悉所處的時代，我們的前途可以擁有一切，而不是一無所有。

「貪」「嗔」「癡」此三毒，引領著眾生在漫漫苦海人生中前行。而在此桎梏的基調下，「貪婪」「無知」「恐懼」三大旋律，在 2020 與 2021 年沒有擅離職守，忠實地扮演著股市裡最主要的驅動角色。

過去兩年，曾經不可一世的「少年股神」、「航海王」都被美國

聯準會緊縮貨幣政策一揮消散成灰，這些人物又今何在？

對芸芸眾生投資人而言，正所謂的「股（古）來征戰，又有幾人肥（回）」。在投資的苦行修道學習路上，股市一連串的無常變化軌道中，形形色色的要素條件與因果邏輯交錯，雖然它豐富了市場曲折的劇情節奏，但也對市場投資人做出了殘酷的優勝劣敗區別。

時代在改變，幸好，景氣循環從二十世紀初的七至十年左右，到二十一世紀初縮短為二至三年左右，意味著市場多空交替約二至三年輪一次，投資信徒們怎能不懷著欲窮千里的心動，做好準備蓄勢待發！

《40歲開始，子彈存股翻倍賺》詳解「趨勢解讀」與「耐心等待」此兩項投資心法。這是我在39歲歷經重大挫敗，賠掉兩千多萬，又重新投入股市贏得財富的兩項基石。我認為懂得正確的投資方式，即使40歲開始累積退休金也不遲，當然在更年輕時知道就更好了。

期許茫茫股海裡浮沉的信徒們，在動態上，能審時度勢解明市場的趨勢走向；靜態上，要謀定後動耐心等待投資的切入點。在宏觀與微觀下修行，才能從貪婪與恐懼中獲得「真」「善」「美」的救贖，戰勝市場上的「貪」「嗔」「癡」，一起迎向「香格里拉」的涅槃國度。

混沌世局險中藏，唯看趨勢利相隨，
多空轉折有窮時，但尋等待立富處。

──投資股市信徒們共勉之！──

鄭廳宜於僑光科技大學

40 歲開始，當然來得及！

「人生最重要不在於你的出拳有多重，在於重擊後你還能挺住。」——《洛基：勇者無懼》

2006 年之前，在股票市場中戰無不勝、攻無不克的我，一度累積了數千萬的資產，因此自我感覺良好，把自己當成股神。認為賺錢簡單的同時，想說何妨任性一次，於是在 39 歲時，毅然決然辭去人人稱羨的工作——十六年的華南銀行鐵飯碗。踏上從學生時代就有的夢想之路——到日本念博士，希望將來轉換跑道到大學教書。

如同日本人的俗諺：「人生有三道，上坡道、下坡道，還有沒想『到』」。在日本求學期間，我經歷了人生中致命的重擊……

▷▷ 鄉下小孩努力考上鐵飯碗

我生長在南投竹山鎮鄉下，爸爸媽媽都是工人，能力有限，因此

家裡環境並不寬裕，說是貧窮也不為過，因此我很早就有想賺錢的欲望。

小時候，我曾經看到工人們為了一個月想要加薪 5 塊錢，和老闆爭得面紅耳赤。但代書只是幫父母親寫幾個字，就可以收到幾百塊錢，我因此下定決心：「一定要好好讀書，將來可以讓父母親不用工作，過上好日子！」

從台中商專應用外文科日文組畢業後，我順利考上了郵局特考，工作了十個月，面對一成不變的工作，感覺實在無聊，心想：「難道我要這樣過一輩子嗎？」

於是又去報考了金融特考，考進華南銀行，這樣一待就是十六年。在銀行工作期間，我也持續進修，攻讀財務金融碩士，並在中部各大專院校兼課，就是希望能多些收入，讓家人過上好日子。

1990 年，是我進入銀行工作的第一年，也是我第一次進入股市。當時除了買進未上市的「馬上發」這家公司外，還拿出 3 萬元買封閉型基金。身為剛入門的投資小白，面對漲、跌波動，其中驚險刺激，天堂地獄一線之隔。不久台股來到歷史高點 12,682 後，開始一路往下跌，幸好身上沒有多少資金，才能逃過一劫。一年內，台股一路殺到 2,485 點，投資人個個面如死灰、哀鴻遍野。

當時，我認為機不可失，於是拿出畢生積蓄投入股市，並向銀行借貸、大舉融資，拜台股在七年內從 2,485 點一路上漲到 10,256 點之

賜，我的資產也迅速累積。當時真的就像射飛鏢一樣，隨便買、隨便賣、隨便賺。

之後，我把幾年累積的資金重押證券股，搭上了 1995、1996 年證券股狂飆的列車，例如：元京證（6004）股價就暴漲到 200 多元，讓我瞬間累積了千萬元身價。現在回想起來，自己的心臟實在太強了，融資融很大，沒賠過錢根本不知道怕！大概是所謂的「人是英雄錢是膽」。

39 歲那年，眼看資歷已經可以升上銀行襄理了，但我又再度跌破眾人眼鏡，沒有順勢在銀行安穩過日，當時因為在股市已經累積了一些資金，幾年工作下來，發現自己真正喜歡的是教書，於是辭去十六年的鐵飯碗，任性的跑去日本念博士。

說實在的，在日本念書的日子是真的好辛苦，心裡也無數次想要打退堂鼓，但當時工作辭了，等於斷了後路。只好告訴自己如果現在不忍耐，三年後就會後悔，因為 39 歲才念博士，當然得更加努力。常常周末獨自一人，在沒有開暖氣的教室裡瑟縮著苦讀。

▷▷ 融資重押，千萬身價一夕蒸發

與此同時，遭遇了可怕的股市滅頂。當時看到媒體報導：面板是百年事業。

我心想：「過去靠融資重押 DRAM 股及證券股，大賺了上千萬元。如果這次複製成功經驗，只要再重押一次，這輩子就可以財務自由了！」

心一橫，在廣輝 30 幾元時，融資重押，但從此再也沒有快樂起來的理由。因為沒多久，兩兆雙星的兆元產業變成「慘」業，隨著廣輝股價暴跌，不但之前累積的財富化為烏有，還負債幾百萬元。

期間，有一次回到台灣散心，耳邊突然傳來〈領悟〉這首歌，聽到「啊，多麼痛的領悟／你曾是我的全部／只是我回首來時路的每一步／都走的好孤獨」，那一字一句在我腦海反覆播放。我深刻自己反省，回過頭看，之前在股市賺到的千萬身價是時勢造英雄，而不是我認為的英雄造時勢，那時我壓根不知道錢是怎麼賺來的，當然也不懂得停損這件事，會賺錢純粹是運氣好罷了。

還好，上天還是很眷顧我的，回台之後我到僑光科技大學任職。

我振作起精神，認真研讀巴菲特與科斯托蘭尼幾本重要的書，並深入了解產業面與籌碼面。之後拿了房屋去貸款，重新投入股市。這次不同的是，我不再躁進重押，更嚴謹的研究基本面來選股，再以技術面來判斷買賣點，摸索出自己的模式。

我想到台積電董事長張忠謀 57 歲才創立台積電，這讓我下定決心在哪裡跌倒，就要在哪裡站起來。

▷▷ 股市賺錢的方程式＝看懂趨勢＋等待

德國股神科斯托蘭尼認為，決定所有交易市場價格起伏的，只有兩個變數：一是資金，二是人心。「看懂趨勢才會成為股市的贏家」。股神巴菲特也說過：「不要與趨勢作對。」

司馬懿在誅殺曹爽時說：「我揮劍只有一次，可我磨劍磨了幾十年！」司馬懿的精神就也是投資致勝之道，股市最重要的就是「等待」。經驗告訴我，股市獲利是等待出來，不是操作出來。

看懂趨勢後，我更勤於拜訪公司，並透過志趣相投的投資朋友心得分享選股。所以多交一些志趣相投的投資朋友很重要。如同司馬懿說：「臣一路走來，沒有敵人，看見的都是朋友和師長」。

扎實了解基本面後，再以技術面來判斷買賣點。另外，我也從日

常生活中找尋投資個股，例如：我在 50 幾元陸續買進豐泰抱了好幾年，最後在 200 元左右賣出。期間豐泰股價在 80 元附近就盤整了將近一年時間，我就靠著一個「忍」字大豐收。

因為看到課堂上女學生們都戴著色彩繽紛的隱形眼鏡，我發現隱形眼鏡已成為女人的化妝品之一，於是我買進精華光學（1565），後來也大賺出場。

這幾年從公務員一路追夢到成為大學講師。我至今記得當年在南投社區大學擔任投資理財講師時，由於名額有限，前一天晚上 12 點，竟然就有學生來教室外排隊的情景。

不論是教書或是投資，隨著投入的時間不同，我有了不同的體悟。

這幾年投資市場從 2020 年美國無限 QE，到 2022 年美國央行開始升息、縮表，在這樣多空變化迅速的投資環境中，我想與讀者分享：「多頭可以做，空頭也可以做，就是不要做豬頭。」

切記，永遠不要和趨勢作對！

資金巨變下，
你必須了解的趨勢指標

- 股市最大套利陷阱——資訊不對稱
- 投資人該如何理解總體經濟、解讀長期投資趨勢？
- 認識聯邦基金利率、殖利率與股價的關係
- 成功為失敗之母：雞尾酒理論的延伸
- 水龍頭與大水管理論

股市最大套利陷阱—— 資訊不對稱

　　在股市投資也是一樣，重點不是你曾經在哪一檔股票上賺了多少，而是歷經了幾次的崩盤與大回檔，你是否還能屹立不搖。

　　在資本主義下的證券市場舞台中，第一桶金（或許可稱為賭本）是投資人進入股市的基本門檻，但市場中所潛伏的道德危險、詐賭事件等潛在風險，是投資人進入股市所無法逃避的議題。

　　市場上易於變動的特性，再加上市場存在資訊不對稱，投資人往往是十賭九輸，陷入一而再、再而三，不幸的歷史輪迴。貪婪與恐懼是驅動投資人繼續前進的動能，而理性與感性兩端遊走的投資抉擇，也一直困擾著投資人。生活在當今美式資本主義下，如何迎戰險惡的時局並累積財富，是云云眾生必須拚命尋找答案的難題。

　　股市中，為什麼投資人往往是十賭九輸？主要原因之一，在於資訊不對稱。

　　例如：上市櫃公司的營收必須在次月的 10 號前公告，也就是投資人要知道某公司 5 月的營收，最快在 6 月 1 日才可得知，但是公司董監事等內部人士，很有可能在 4 月或是 5 月就知道了，他們有可能

提早依消息，做出買賣的動作。更何況，季報與年報內部人更是掌握精準。

▷▷ 投資要合乎邏輯

舉例來說：2018 年 7 月 3 日國巨（2327）股價最高曾來 1,310元，7 月 11 日國巨特定大股東出售 1.2 萬張持股。當時據傳賣方是國巨董座陳泰銘前妻李慧真，買家則是包括阿布達比主權基金在內的外資法人。

7 月 16 日大股東以申報鉅額交易的方式申報賣出，有 1,320 張成交在 899 元。之後股價開始大跌，2019 年跌至最低點 287 元，不管賣方是否為國巨董座陳泰銘前妻，都令人忍不住要稱讚賣方賣得可真是神準。

但買家是否有阿布達比主權基金在內的外資呢？關於這一點可保持懷疑的態度。

投資人都知道，被動元件產業並不是什麼高技術產業，2017 年以來被動元件產品價格上漲，原因在於供需失調，阿布達比主權基金是非常專業的投資機構，怎麼可能在股價近 1,000 元附近買進國巨，縱使要買進國巨，也應該在股價 100 元以下時買進才合乎投資邏輯。

整體事件，大股東賣出國巨的股票是事實，代表大股東看壞國巨的未來，這樣的解讀應該才合乎投資邏輯，所以當時我放空同樣是被動元件的華新科（2492）。

⟫ 權力與金權永遠分不開

2020 年 8 月，股神巴菲特出乎市場意料之外，以 60 億美元買進伊藤忠商事、丸紅、三菱商事、三井物產、住友商事等日本五大商社的股票。波克夏同時發行 6,250 億日圓的日圓債券（約 60 億美元），到期日介於 2023 年到 2060 年間。一年後，巴菲特旗下波克夏公司對這五家商社的持股，總價值增加大約 20 億美元，投資報酬率超過 30%，對巴菲特來說，除了在日股享有很高的投資報酬率外，還賺到超過 20% 的匯差，是很高的投報率。這筆投資可說股匯雙賺，大獲全勝。

當時我跟市場一樣，真的想不透為什麼巴菲特買進伊藤忠商事、丸紅、三菱商事、三井物產、住友商事等日本五大商社。

時序來到 2022 年，日圓對美元持續大幅度貶值，我思考到 1980 年為全世界第二經濟體的日本，1989 年 12 月 29 日日經指數的最高點，曾一度升至 38,957.44 點，當天日經指數收盤 38,915.87 點。從此

以後就有失落的十年、二十年等來形容日本。

為什日本經濟會衰敗，最主要的原因之一，就是日圓對美元大幅度升值。

1985 年由美國、日本、西德、法國和英國在紐約廣場酒店集會達成的廣場協議，是五大工業國逼迫日本政府要日圓升值。1985 年 9 月，美元兌日圓為 1：250，協議簽訂後不到 3 個月的時間裡，日圓兌美元迅速升值到 1：200 左右，升幅 20%，由於日圓兌美元狂漲升值，過去日本人總覺得高不可攀的美國資產，變得相對便宜多了。

期間日本企業開始大幅度收購美國企業，在 1989 年日本企業在美國的收購行動達到顛峰，那年 SONY 以三十四億美元買下美國文化產業代表哥倫比亞電影公司，三菱集團以十四億美元買下美國知名地標紐約洛克斐勒中心，洛杉磯市區半數房地產都是日本人持有。1989 年 12 月 29 日本股市寫下 38,957.44 點的歷史高點。

1990 年是日本泡沫經濟的最巔峰，日本的不動產市值可以買下四個美國，一個東京都可以買下全部的加拿大。直到 1994 年日圓升破 80 元大關，日本經濟泡沫破裂、崩盤，從此一蹶不振，經過二十餘年仍未恢復元氣。

直到 2022 年 9 月 13 日美元兌日圓貶破 144.41 元大關，這創下約二十年來新低。

為什麼日圓會大幅度貶值，有些人分析，認為是美國聯準會將要

大幅度升息所造成，日本央行還在推行量化寬鬆貨幣政策不變。這種看法是相當不精準，這二十年來日本的利率都維持在 0% 以下，過去美國與日本的利差都比目前 1.5% 左右來得大，美元兌日圓不至於短期大貶值，況且要干預日圓升貶值，絕非日本央行可以獨力左右，必須聯合美國的力量。

　　所以美元兌日圓大貶值是政治問題，是美國聯合日本對付世界第二大經濟體的中國，日圓大貶值將讓日本經濟起死回生，這是美國政策，白宮的權力與華爾街的金權（錢）是密不可分，

　　巴菲特為什麼會買進日本五大商社且大賺一筆？簡單說，巴菲特一定知道美國的戰略政策吧！

圖 1-1 日圓走勢圖

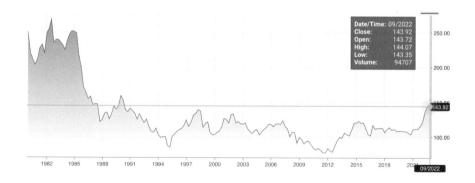

Date/Time:	09/2022
Close:	143.92
Open:	143.72
High:	144.07
Low:	143.35
Volume:	94707

圖片來源：**CNBC** 網站

▷▷ 小白面對資訊不對稱的投資策略

　　小白在股市，永遠都是資訊不對稱最大受害者，小白如何面對市場？我認為在投資策略上可取「由上而下」方式。

　　一般投資策略可分為：

1. 由下而上

　　是先從尋找有潛力的個股分析開始，再判斷該產業面是否為未來產業，最後再檢視總體經濟與國際金融情勢分析，判斷未來是否為多頭趨勢，又被稱為「選股式投資」。這種「由下而上」的投資心法，與股神巴菲特所推崇的價值投資心法相似，兩者皆是找出在市場被低估的個股。

　　在市場為空頭下，採用這種選股方式，縱使是巴菲特選對產業與個股，往往也是不容易漲。但股神巴菲特口袋夠深，可以慢慢買進，只要市場趨勢由空轉多，將可大賺一筆。小白等投資人心理素質不夠，容易受到當時氛圍所影響，再加上口袋不夠深，所以不適合此投資策略。

2. 由上而下

　　這是由從總體經濟與國際金融情勢分析開始，化繁為簡，以利率

與匯率為指標，判斷多空趨勢。如果有認真且有看懂本書內容，當美國聯邦基金利率從高點開始往下調（降息），降到相對低點時，即為多頭的開始；相反的，當美國聯邦基金利率從低點開始往上調（升息），升息到一定高點後，即代表市場會開始走空頭，這樣簡單且有效的判斷方式，一般投資人都可以做得到。當投資人看懂多空趨勢後，當市場為多頭市場時，投資人可以買進未來的明星產業，如：電動車、低軌道衛星及綠能等產業，最後才做個股的基本面分析。

在市場為多頭下，使用這種選股方式，投資人選錯產業與個股或許會有一點點虧損或只剩小賺，但選對個股與產業將有機會大賺一

圖 1-2　由上而下投資策略

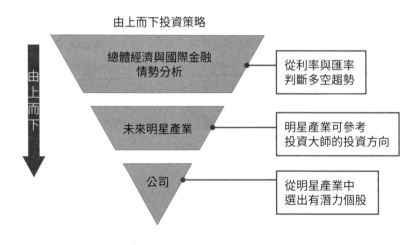

圖表來源：自行製作

筆。例如：台股指數從本波的低點 8,526 點大漲至 18,619 點，期間投資人買進股票大漲一倍或兩倍，甚至更多，都時有所聞，

如 2020 年疫情爆發之初的防疫概念股，如：恆大、合一、高端、泰博，2021 年大漲好幾倍的航海王──長榮、陽明、萬海貨櫃三雄等散裝航運股。

對於產業與個股可以以投資大師或大型基金近期的持股與投資產業方向尋找未來產業與有潛力的個股。

圖 1-3　跟著投資大師走

跟著
投資大師走
別當豬仔

索羅斯基金持有台積電			有台積電投資組合占比佔比 0.09%		上季投資組合佔比 0.15%			
TSM	INFORMATION TECHNOLOGY	63,367	$5,180,000	0.09	0.15	106	29,153	-31%

圖 1-3 為 2022 年第二季，巴菲特的波克夏基金、橋水基金及索羅斯等大師的持股。其中最引人注目就是索羅斯在第一季持有台積電 0.15％，第二季減至 0.09％，對台積電持股減幅達四成，代表意義是在全球股市走入熊市過程中，索羅斯基金選擇對台積電做減碼避險，在本書也會詳細探討台積電面臨的風險。

　　2022 年第二季，波克夏加碼蘋果、雪佛龍及西方石油。沙烏地阿拉伯主權基金，新建倉 Alphabet、微軟及亞馬遜。索羅斯管理的基金，則大買美國電動車概念股特斯拉、福特、Rivian。

　　以上的國際級投資大師，都在 2022 年第二季，美股走入熊市、跌幅最慘烈時，進行抄底買進操作策略。這就是根據總體經濟、國際金融情勢，選入未來明星產業，再從中選出潛力個股。若投資人平常有留意價值投資之神巴菲特的操作策略，他手上永遠會有很多現金，在市場最不好的時候，買入股價被低估，最有競爭力的公司。

　　在新聞媒體上，投資人時常看到「現在台股正在走景氣行情」，什麼叫景氣行情，當然就要了解總體經濟各項變數。

投資人如何解讀總體經濟和長期投資趨勢？

▷ 只有資金行情，沒有景氣行情

所謂景氣行情就是股市將隨著全世界與該國的 GDP 年增率成長而上漲。簡單地說，GDP 可以視為大盤指數的基本面。如果要觀察一個國家的經濟是否在成長，大家會觀察 GDP 年增率，也就是經濟成長率。

大部分產業景氣會與 GDP 年增率一致，特別是龍頭公司的業績。

如果 GDP 年增率是正成長，我們就可以說一個國家的經濟是成長的，公司業績通常也會來到高點；如果 GDP 年增率衰退了，那就是經濟不景氣，通常是景氣循環股公司業績將開始走下波。所以 GDP 年增率的高低，短期可以判斷大盤走多還是走空，但長期還是要看「利率」與「匯率」兩項指標的走勢，也就是所謂「資金行情」。

GDP 的組成包括——

個人消費支出（C）、國內民間投資毛額（I）、政府支出（G）、淨出口（X‐M）。

時常在媒體上聽到內需與外需：

·內需指的是個人消費支出（C）加上投資（I）及政府支出（G）

·外需指的是淨出口。

公式：GDP＝C＋I＋G＋（X－M）

以美國為例，構成美國 GDP 要素最重要就是消費，所以美國為內需大國，消費占 GDP 比重近七成。若消費穩定成長 3%，對 GDP 將成長近 2.1%；反之，若消費疲弱減少 3%，則 GDP 將衰退近 2.1%。其餘包括投資、政府支出及淨出口等細項，占 GDP 比重均不超過兩成。

什麼是經濟成長率

由於經濟成長率是一個比較值，且與前一年同時期比較，因此成長率的高低會受前一期的高低影響。也就是說，若去年同期經濟表現好，那今年要大幅度成長就不太容易；反之，若去年同期表現不好，那今年就比較有可能出現大幅度成長。

美國將 GDP 季節調整後，又分為「年增率」及「季增年率」。

> 年增率：將今年當季與去年同季相比。
>
> 季增年率：每季 GDP 季調後絕對值年化（×4），並將此數值與前一季相同計算後的數值比較。

為什我一直強調，長期只有資金行情？因為利率對經濟的影響深遠，如果從消費端與企業是否增加資本支出來探討，利率絕對是一個很重要的變數，因為貸款利息影響企業資本支出能力，因此一國景氣好壞也都將受到利率的影響。

當景氣大幅度衰退，央行將調降利率促進刺激景氣，利率如果夠低，縱使景氣不佳，股市的基本面雖然不好，股市還是會漲，也就是大家時常聽到「無基之彈」的股市用語。

當景氣漸漸從衰退到復甦、成長，利率雖漸漸開始往上調升，利率在相對低之下，整個市場資金還是相當充裕，再加上此時整個市場的人氣暢旺，股市往往還是往上漲。當景氣繁榮時，此時利率相對高了，股市因央行緊縮貨幣政策，導致市場資金大幅度抽離，股市於是泡沫崩盤。

為什麼美國聯準會要持續調高利率？原因在於經濟持續熱絡，有通貨膨脹之虞，利率持續往上調，到最後一定會讓過熱的經濟泡沫

化。如 1929 年經濟大恐慌、2000 年網路泡沫及 2008 年金融海嘯皆是如此。簡單的說，緊縮貨幣才是戳破泡沫的真兇

以史為鑑，美國聯準會採取緊縮貨幣政策，才是讓經濟進入長期衰退的最主要原因，可以從下述得證：

❶ 1929 年，美國經濟大蕭條──美國聯邦基金利率最高為 6%

❷ 2000 年，網路泡沫──美國聯邦基金利率最高為 6.25%

❸ 2008 年，金融海嘯──美國聯邦基金利率最高為 5.25%

德國股神科斯托蘭尼認為獲利佳、前景好的公司，股價不一定會漲；經濟成長不一定會刺激股市。這位德國證券界教父指出，股市的多空趨勢取決於兩個變數：一是資金，二是人心。

美國股神巴菲特曾說過，假如美國十年期公債殖利率在未來十年維持在 2.3% 附近，道瓊工業指數在五十至六十年內有機會上看 10 萬點。

科斯托蘭尼與巴菲特兩位股神一致認為在低利率環境下，股市才有機會上漲與創新高。

經由對國際金融情勢的分析與掌握，我認為台股長期趨勢的多空判斷，取決於「利率」與「新台幣匯率」這兩項指標的趨勢變動，不是 GDP，更不是其他經濟指標！

分析國際情勢時，切記把所有經濟指標放兩邊，「利率」、「匯率」擺中間。

簡單的說，搞懂利率與匯率變化，縱使是小白，也可以成為長期贏家。

▷▷ 各國央行是股市超級的主力

跟著蒼蠅走會找到廁所；跟著蜜蜂走會找到花朵；跟著央行走會找到財富。

投資人一直透過各種方法或工具，想盡辦法要找出股市中主力的動向，事實上，股市最大的主力就是各國的央行！當利率接近零，代表各國都在撒錢，這將導致資金氾濫，股市一定漲，這也說明市場主力——各國央行在作多。

其中以美國聯準會的貨幣政策動向，投資人要特別關注，這不僅與美國景氣興衰息息相關，對全球股市影響更巨。

▓ 股市隨美國聯邦基金利率與十年期公債殖利率高低轉多或翻空

·調降利率為多方 〉〉〉〉〉

2008 年金融海嘯過後，美國 QE 政策就讓美國四大股市大幅創下歷史新高，台股指數 2017 年 5 月正式站上萬點，且上演萬點的行情。

·調升利率為空方 〉〉〉〉〉

美國聯準會在 2015 年在 12 月首度升息 1 碼，2018 年美國聯邦基金利率來到 2.25%～2.5%，2018 年 11 月十年公債殖利率不但突破 3%，最高來到 3.24% 的高點。

2018 年 10 月，台股因美國調升利率與十年公債殖利率飆升至 3% 以上，造成台股跌破 10,000 點大關，最低來到 9,400 點。

而近三年以來，我們目睹了最新的例子：

·調降利率為多方 〉〉〉〉〉

2020 年 COVID-19 肺炎疫情，美國聯準會以處理 2008 年金融海嘯的規格，同樣開出「零利率＋量化寬鬆」的貨幣政策，這次的量化寬鬆貨幣政策的規模更大，達到 9 兆美元，美國四大指數又創歷史新高，台股最高來到 18,619 的歷史高點。

·調升利率為空方 〉〉〉〉〉

2022 年 3 月聯準會調高利率 1 碼，接下來 5 月、6 月、7 月、9 月持續高利率與縮減資產負債表，美國四大指數與台股開始同步走空。

上述印證了，股市漲也是利率，跌也是利率。延伸到任何投資商品都適用這個共同特性：只要資金還在，就一定漲！真正掌握資金的「超級主力」──各國央行，一旦落跑，你的投資就會打水漂。

華爾街有一句名言：「別跟聯準會作對，因為你永遠贏不了！」（You can't fight the Fed）。

2022 年 9 月，美國聯準會再度升息 3 碼，英國、瑞士與挪威等十大已開發國家央行，在九月升息幅度累計已達 350 個基點（14 碼）。從這波升息循環啟動以來，十大已開發國家央行已共升息 1,965 個基點。世界銀行也在當月發表研究報告指出，各國央行相繼升息抑制通膨，將造成全球經濟出現五年以來最嚴重的放緩！全球央行緊縮貨幣的結果，當然造成 2022 年股市跌跌不休。

所以投資人切記切記，一定要跑得比央行這個超級主力更快！特別是十年期公債殖利率站穩 3%，美元指數突破 105 且趨勢持續往上，此時，美股與台股指數及新興市場股市，將可確定空頭來臨。

因為美元指數大幅度升值，代表美元從大部分國家撤出，資金流回美國，包括極度依賴美元的新興市場，為什麼美元回到美國，當然就是美國聯準會在市場收回資金。

▷▷ 不看指數相對高低，要看利率的方向

2017 年 5 月台股指數正式站上萬點，投資人看到持續維持在萬點以上，心裡總是想著：「台股接下來的漲幅有限，風險很大」。如果從相對數字來看台股指數，這樣謹慎的想法應該是正確的。

從 1990 年至 2017 年 5 月 11 日期間，台股只有三次收盤價站上萬點，且台股每次上萬點維持天數都相當短，幾乎每次上萬點後就又快速反轉向下，讓投資人傷痕累累。

- 1990 年 2 月，創下當時的台股歷史高點 12,682 點，此次上萬點的交易日也僅僅維持 65 天，之後崩盤而下，直到 2,485 點才止跌。

- 1997 年台灣在高科技產業帶動下，台股創下 10,256 點的高點，但僅 9 個交易日維持在萬點之上。

- 2000 年因網路與資訊科技相關類股股價聯袂大漲，台股在 2 月攻上 10,393 點，同樣也僅有 11 個交易日指數在萬點之上。

所以從相對數字來看，台股指數持續在萬點，風險確實相當大。但考慮到 2008 年之前，美國只用調降聯邦基金利率的寬鬆貨幣政策救衰退的經濟。2008 年之後，聯準會除了調降聯邦基金利率，又加上「無限量化寬鬆政策」拯救衰退經濟。

此時將導致整個金融市場資金氾濫，創造股債雙雙大漲榮景，

呈現在 2022 年的過去十年上，投資人只要有投資股市或債券都可享有讓人驚豔的報酬率，例如：反映在富邦金控與國泰金控 2021 年的 EPS 分別為 12.11 元與 10.34 元，雙雙創歷史新高更是如此。如此一來讓金融機構在推銷股票型基金、債券型基金、平衡式基金或各項 ETF 等金融商品，都用過去十年的平均報酬率做為推銷的話術，這往往會誤導投資人。

而今，台股最高來到 18,619 點，投資人體驗到過去未曾有過的從 10,000 點大漲至 18,000 多點，又喜又憂之下，投資人又不禁回頭找出過去經驗，套用以往認為風險很大的 10,000 點的台股指數經驗，推論出台股指數不可能大幅度下跌至 10,000 點低點的結論。

但請注意了，有這樣思維的投資人是非常危險的。

什麼是相對低點？當台股指數從 18,000 點跌至 15,000 點，一定有一些投資人認為台股指數夠低可以大量買進，隨著台股指數跌至 14,000 點、13,000 點、甚至跌到 10,000 點，下跌的過程中，一定有投資人認為台股指數已經來到低點可以大量買進的價位。

孰不知，股市永遠不變的特性：「漲的時候，漲到投資人無法相信，反之亦然，跌的時候，也會跌到投資人無法相信。」

投資人如果只會憑相對高低點，做為股市進出依據，沒有正確理解台股多空原因，正好應驗了股市中的一句話：「新手死在山頂上，老手死在半山腰。」

股市熱絡的氛圍下，小白投資人腦海中只想到獲利，卻忽略了高風險，往往買在股價高檔區而不自知，成為股市裡的最後一隻老鼠；而老手投資人雖比較容易在高檔區有所戒心，想在股價下跌的相對低點買進，沒想到卻常是在中途接刀，也就是所謂死在半山腰。

試著回憶一下，台股因為疫情下跌至 8,523 點時，當時應該沒有投資人會認為台股指數有機會上 18,000 點以上。另一個例子，也在疫情期間，相信沒有投資人，會認為美國西德州原油出現史上驚人的「負油價」，一度跌到每桶－37.63 美元，那段期間，有相當多小白在油價跌到個位數時，進場抄底，那時搶進者以為是千載難逢的賺錢好機會，殊不知，抄底的結果是本金都拿不回。

再次強調，使用相對低點的感覺買進股票，而不用利率與匯率等指標判斷台股多空趨勢，不但很難獲利，往往到最後都是慘賠，甚至不得不離開這個市場。

▷ 用聯邦基金利率與美國十年期公債殖利率判斷多空轉折點

2008 年之前聯準會從未使用量化寬鬆貨幣這樣的工具，只用聯邦基金利率做為調控經濟的工具。所以 2008 年之前，在判斷台股多空轉折點可以利用聯邦基金利率做為判斷的指標；2008 年之後，判斷台股多空轉折點，應以美國十年期公債殖利率與聯邦基金利率兩個指標一起判斷。

2022 年，全球深受通膨危機所苦，美國聯準會在 2022 年 3 月開啟升息循環，利率由 0 ～ 0.25%，快速升息到九月的 3% ～ 3.25%。

而預測未來目標利率的聯邦基金利率期貨，預測 2022 年底利率升至 4.3%，2023 年 3 月達 4.6%。2023 年 5 月之後，聯邦基金利率期貨定價利率在 2023 年底前降至 4.25%。

也就是說，全球從低利率時代，快速走向高利率，全球主要投資機構也紛紛預測 2023 年經濟成長將大幅走弱，甚至衰退硬著陸，股市崩盤的機率也相對提高，甚至於回到萬點以下都有可能，投資人要有更高的風險意識。

為什麼聯準會要調降聯邦基金利率？

投資人不妨想一想，當美國聯邦基金利率位在高點時，為什麼要

往下調降？答案很簡單，美國聯準會往下調降利率，就代表美國景氣與股市發生結構性的改變，所以聯準會第一次降息，代表景氣將開始衰退，投資人應該賣出股票。

圖 1-4　用聯邦基金利率判讀買賣點

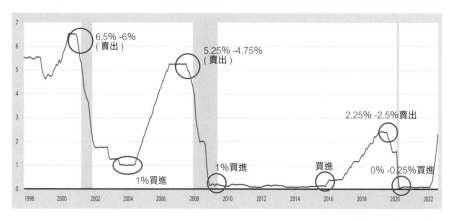

如圖 **1-4** 所示，2008 年金融海嘯前夕，聯邦基金利率從最高點 5.25％，到 2007 年 9 月美國聯準會第一次降息 2 碼來到 4.75％時，這是第一次賣出持股的時機。這時台股指數最高點來到 9,485 點，2007 年 10 月最高點一度來到 9,859 點，但之後一路下跌，在 2008 年 11 月最低點 3,955 點後，才開始一波向上攻擊。

　　2007 年 9 月之前的四年當中，美國聯邦基金利率只升不降。但就在 2007 年 9 月 18 日，一口氣從 5.25% 調降 50 個基準點至 4.75%。可以預見一定有大事發生，果然次年發生全球性金融海嘯。

　　雖然海嘯之前，股票仍繼續走高，這再次說明：當利率從高檔調降，趕快走人，絕不戀棧。兩者都與美國聯邦基金利率的調降相互呼應。

　　同樣的思維，當聯準會第一次升息，代表景氣將從衰退轉為復甦，甚至來到擴張階段，投資人可以持續持有股票。根據過去經驗，只要美國聯邦基金的利率來到 1% 以下，投資台股都是相對低點。

　　2000 年網路泡沫，美國聯邦基金利率在 2003 年 6 月，從 6.5% 調降到 1% 的低水位時，台股指數也來到 4,612 點，雖然本波的最低點是在 2001 年 9 月的 3,411 點，但此時買進還是相對買在低點。

　　2008 年金融海嘯後，聯邦基金利率在 2008 年 10 月，從最高點 5.25% 調降至 1% 時，台股指數最低點來到 4,110 點，雖然 11 月最低點來到 3,955 點，但相對最低點相差不到 200 點。

　　2003 年 6 月和 2008 年 10 月，都是買進股票的好時機。

認識聯邦基金利率、殖利率與股價的關係

　　以下將進一步說明各項指標的意涵。美國升息指的是聯準會提高聯邦基金利率,聯邦基金利率是聯準會借給美國各銀行資金的利息;而縮表指的則是聯準會縮減資產負債表內金額的規模。升息和縮表都是聯準會的貨幣政策工具,升息將推升短期利率,縮表將直接推升長期利率,推升企業融資成本。

▷▷ 兩年期公債殖利率是聯邦基金利率的領先指標

　　美國十年期公債殖利率易受經濟成長與通膨預期影響,常被拿來檢視美國未來通膨狀況。

　　美國兩年期公債殖利率較受聯準會貨幣政策影響,因此常被拿來預測美國利率決策走向。美國兩年期公債殖利率與美國聯邦基金利率變化,一直保持相當密切的連動性。

圖 1-5 美國聯邦基金的利率與兩年期公債殖利率的趨勢關連

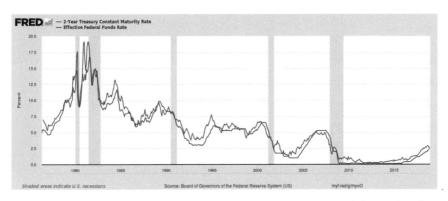

圖片來源：自行整理

　　從圖 1-5 可看出美國聯邦基金利率與兩年期公債殖利率的趨勢是亦步亦趨，且兩年期公債殖利率還是聯邦基金利率的領先指標。如果兩年期公債殖利率持續往上，那聯準會升息的腳步就會加快。

▷▷ 當期收益率與殖利率

當期收益率是以每年的配息除以買進債券的價格（當時的市價）

`公式` 當期收益率 ＝ （每年的配息 ÷ 買入價格）×100%

假如一張債券面額為 100 元，票面利率是 5%，投資人以 95 元價格買入債券，債券持有人每年會收到的利息為 5 元（100 元 ×5%）。

當期殖利率＝ 5÷95 ＝ 5.26%。

殖利率就是指債券持有人買入債券一直持有至到期的實質投資報酬率，又可稱為到期收益率（Yield to Maturity；YTM），計算殖利率時，除了每年的配息之外，還要考慮到資本利得或損失，也就是俗稱「價差」。

`公式` 殖利率（到期收益率）＝ （每年的配息＋資本利得或損失）÷ 買入價格）×100%

假如一張債券面額為 100 元，票面利率是 5%，投資人以 95 元價格買入債券，債券持有人每年會收到的利息為 5 元（100 元 ×5%），持有一年到期，可拿回本金 100 元。

殖利率＝ （5 ＋ 100 － 95）÷95×100%＝ 10.52%。

　　殖利率曲線是指同一時間內，不同到期日的公債與殖利率關係，可說明債券殖利率與到期期限（maturity）之間的關係。

▷▷ 債券價格與利率呈反比關係是基本常識

　　有投資達人教投資人以「存定存股」方式，投資台灣 50ETF，並可投資公債避險。

　　持有的論點為過去十年不管投資台灣 50ETF 與公債的報酬率都非常高。但是投資達人沒有真正的了解到，過去十年投資台灣 50ETF 與公債的報酬率之所以會非常高，是因為美國聯邦基金利率幾乎維持在零利率與 FED 實施量化寬鬆貨幣政策。

　　根本沒有考慮到隱藏在細節中的魔鬼──債券價格與聯邦基金利率呈反比關係的基本概念。

假如一張債券面額為 100 元，票面利率是 5%，持有一年到期，可拿回本 100 元。

如果投資人以 95 元價格買入債券：
殖利率＝（5 + 100 − 95）÷95×100%＝10.26%

如果投資人以 100 元價格買入債券：
殖利率＝（5 + 100 − 100）÷100×100%＝5%

如果投資人以 102 元價格買入債券：
殖利率＝（5 + 100 − 102）÷102×100%＝2.94%

由上述可得知，投資人買入債券的價格愈高，殖利率愈低；買入價格愈低，殖利率愈高。簡單的說，當 FED 啟動升息，債券的價格將隨之下跌，債券的殖利率將往上攀升。

元大美債 20 年 ETF（00679B）、富邦美債 20 年 ETF（00696B）、元大美債 20ETF 正 2（00680L），2022 年 6 月 15 日都創下今年來的新低，甚至元大美債 20 正 2（00680L）下跌到有下市風險。

重點來了，未來美國 Fed 開始啟動降息循環，屆時就是投資元大美債 20 年（00679B）與富邦美債 20 年（00696B）最好的時機。

圖 1-6　富邦美債 20 年 ETF（00696B）走勢

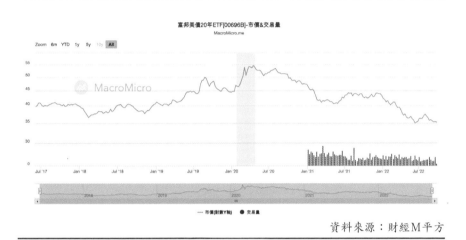

資料來源：財經 M 平方

圖 1-7　元大美債 20 年 ETF（00679B）走勢

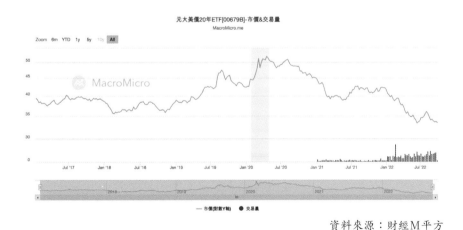

資料來源：財經 M 平方

圖 1-8 元大美債 20 正 2（00680L）下跌到有下市風險

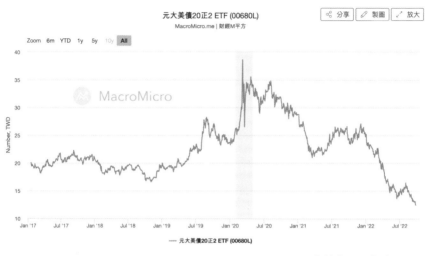

資料來源：凱基大三元

　　由上述可知，只要投資人看準時機，當債券價格與利率呈反比關係，再加上等待每一次美國升息或是降息循環開始時，做賣出美債20 年 ETF 或買進美債 20 年 ETF，投資人一定可以賺到錢。

> **債券價格與利率呈反比關係＋等待＝一定可以賺到錢！**

▷▷ 債券大屠殺

1994 年，美國聯準會將聯邦基金利率從 3% 連續升息到 6%。

1994 年 2 月美國開始升息，美國十年期公債殖利率在六度升息以後，從原本的 5.7% 漲到當年年底的 8% 以上，據估計，當年全球債市因此跌掉 1.5 兆美元。

背景是升息往往會降低債券的吸引力，隨著利率上升，債券價格重挫，而當年美國聯準會的透明度相當低，一連串的升息引起債券市場的恐慌，資金瘋狂撤離，造成多殺多。

於是美國財星雜誌以「債券市場大屠殺」為題，報導了當時全球債券市場因為美國升息而造成的慘況。所以投資人投資債券，一定要以美國聯準會的升息與降息，來判斷投資時間點。

▷▷ 美國十年期公債殖率與股市間的關係

歷史經驗顯示，當十年期公債殖利率低於 3% 時，股市與債市皆處於繁榮期。此時股市投資人還不必擔心殖利率上升，因為這是景氣復甦階段的正常現象，當美國十年期公債殖利率創高點後，股市約在二個月至四個月才會崩跌。

2000 年與 2008 年美國十年期公債殖率與股市間關係：

2000 年網路泡沫

1999 年 10 月 5 日～ 2000 年 1 月 20 日，美國標普 500 指數由 988 點飆漲到 1,445 點，在僅僅十四個月，漲幅高達 46%。

股市在末升段時，債券的大量資金將流入股市，大量賣出十年期公債，造成債券大幅度下跌，導致 2000 年 1 月 20 日，美國十年期公債利率反彈到高點 6.79%。

約兩個月後，2000 年 3 月 24 日美國 標普 500 指數飆漲到 1,527 點，爆發「網路泡沫」。美國十年期公債殖利率來到 6.79%，領先股市兩個月先達到頂點。

簡單的說，美國十年期公債殖利率預先來到波段高點 6.79%，約兩個月後標普 500 指數才飆漲到 1,527 點高點。

2008 年金融海嘯

2004 年到 2007 年是美股的大多頭，期間美國十年期公債殖利率由 3% 緩步上升到 5%。

2006 年 6 月 14 日美國標普 500 指數為 1,219 點，一年後 2007 年 6 月 12 日飆漲到 1,493 高點，漲幅高達 22%。

與 2000 年一樣，股市在末升段時，債券的大量資金將流入股市，大量賣出十年期公債，造成債券大幅度下跌，導致 2007 年 6 月 12 日，美國十年期公債殖利率來到 5.26% 的高點。

2007 年 10 月 9 日標普 500 指數飆漲到高點 1,565 點後，往下崩跌，2008 年就發生了「金融海嘯」。美國十年期公債殖利率創波段高點 5.26%，領先股市四個月。

億元教授 TIPS

❶ 股市在末升段時，債券的大量資金將流入股市，造成債券大幅度下跌，殖利率大幅度上升。

❷ 美國十年期公債殖利率創高後，股市約在二個月至四個月才會崩跌。

▷▷ 釐清殖利率倒掛與股市的關係

市場上往往人云亦云，例如，「殖利率倒掛就代表未來景氣將呈現衰退」，這樣的一句話時常在媒體上反覆出現，但事實上，殖利率倒掛與景氣衰退之間的關係，到目前為止並沒有明確的驗證可證明。

美國財政部發售多種長短期公債，在正常情況下，長期公債的殖利率較高，短期公債殖利率則較低；一旦短期公債的殖利率超過長期公債，即出現不正常的倒掛現象（圖1-10）。

根據公債到期期限的不同，可區分為長天期公債、短天期公債。一般而言，市場以「十年期美國公債」作為長天期公債的代表，「兩年期美國公債」則為短天期公債的代表。

❶ 當殖利率曲線向右上揚（正斜率），表示十年期美國公債殖利率高於兩年期美國公債殖利率，代表市場資金寬鬆，經濟活動將擴張，長期會有物價走升壓力（圖1-9）。

長天期公債因天期長及流動性、通膨預期與違約可能性有相對溢價要求，其殖利率多半高於短天期公債，因此正斜率是經濟活動常態，銀行也可以以短支長作信貸擴張，也就是銀行可以吸收短期的存款，作為長期放款的資金來源，創造有利的經濟狀況。

圖 1-9 當殖利率曲線向右上揚

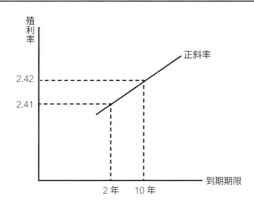

圖 1-10 當殖利率曲線向右呈下跌態勢

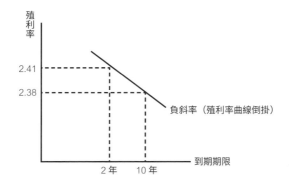

❷ 當殖利率曲線向右呈下跌態勢（負斜率），俗稱為殖利率倒掛。代表十年期美國公債殖利率低於兩年期美國公債殖利率，殖利率倒掛，往往發生在景氣過熱，投資人預期聯準會將提高聯邦基金利率，造成兩年期公債殖利率往上，資金成本提高，如此一來將造成經濟將步入衰退，投資人將以十年期公債作為避險的工具，大量買進十年公債，債券價格上升，殖利率下滑，形成殖利率倒掛現象（圖1-10）。

殖利率倒掛之所以出現，常在景氣過熱時，各國央行為抑制景氣過熱或通膨而提高利率，由於過度緊縮的貨幣政策阻礙經濟成長，帶來短期利率高漲，或是投資人對未來經濟成長的憂慮，不敢投資，於是買進十年期公債作為避險，造成十年公債價格上漲，殖利率的下跌。此時，銀行無法藉由以短支長作信貸擴張，也就是銀行無法以吸收短期的存款，作為長期放款的資金來源，不利經濟活動。

兩年期公債殖利率高於十年期公債殖利率，一般稱為殖利率曲線倒掛。

七○年代以來，美國出現過的七次經濟衰退，每次衰退前都出現倒掛，倒掛出現後，要多久才會出現經濟衰退，據研究顯示，經濟衰退在一年內出現的機會達67%，在兩年內出現的機率達98%。

表 1-1

2022 年 4 月 1 日至 4 月 8 日美國公債殖利率（%）

公債期	3 月	6 月	1 年	2 年	3 年	5 年	7 年	10 年	20 年	30 年
2022/04/08	0.70	1.19	1.81	2.53	2.73	2.76	2.79	2.72	2.94	2.76
2022/04/07	0.68	1.15	1.78	2.47	2.66	2.70	2.73	2.66	2.87	2.69
2022/04/06	0.67	1.15	1.79	2.50	2.67	2.70	2.69	2.61	2.81	2.63
2022/04/05	0.65	1.13	1.77	2.51	2.69	2.69	2.65	2.54	2.74	2.57
2022/04/04	0.66	1.14	1.72	2.43	2.61	2.56	2.52	2.42	2.64	2.48
2022/04/01	0.53	1.09	1.72	2.44	2.61	2.55	2.50	2.39	2.60	2.44

　　2000 年網路泡沫時期，從殖利率曲線倒掛到 2001 年出現經濟衰退經過 422 天；2008 年金融海嘯時期，從殖利率曲線倒掛到 2009 年出現經濟衰退經過 571 天；2019 年 8 月 14 日美債殖利率曲線倒掛到 2020 年出現經濟衰退經過 163 天，2020 年經濟的衰退是為 2019 年 COVID-19 所造成，與殖利率倒掛沒有關係。

　　所以從殖利率倒掛到經濟衰退的期間有相當的距離，這期間影響經濟與股市的因素相當多，所以可以這麼說，殖利率曲線倒掛與經濟衰退，不一定有必然的關係。

重點來了，發生殖利率曲線倒掛的原因有兩種：

❶投資人預期未來景氣將衰退，買進長天期十年期公債避險，造成公債價格上漲，殖利率下跌（債券價格與殖利率呈現反比關係），導致兩年期美債殖利率大於十年期美債的殖利率。

❷市場資金過於浮濫，資金跑到債券市場，買進長天期十年期公債，造成公債價格上漲，殖利率下跌，一樣會導致兩年期美債殖利率大於十年期美債殖利率。

▷▷ 美國公債殖利率倒掛與股價的關聯性

以 2000 年 IT 產業泡沫及 2008 金融海嘯風暴前，觀察美國公債出現殖利率倒掛與股市的關係。

・1998 年至 2000 年期間

在 IT 產業泡沫前美國公債出現兩次殖利率倒掛：

第一次殖利率倒掛在 1998 年 5 月 26 日出現，當時標普 500 指數為 1,094 點，隨後利差轉正。

第二次殖利率倒掛在 2000 年 2 月 9 日出現，當時標普 500 指數為 1,411 點。

雖然歷經兩次殖利率倒掛，標普 500 指數仍持續往上，直到 2000 年 3 月創下波段新高 1,527 點。

從第一次殖利率倒掛到標普 500 指數創下波段高點，經歷了 22 個月，期間標普 500 指數累積漲幅有 39%。

・2006 年至 2007 年的期間

在金融風暴前美國公債出現三次殖利率倒掛：

第一次殖利率倒掛在 2006 年 1 月 31 日出現，當時標普 500 指數

為 1,280 點，隨後利差轉正。

第二次殖利率倒掛在 2006 年 6 月 8 日出現。

第三次殖利率倒掛在 2007 年 5 月 4 日出現。

雖然歷經三次殖利率倒掛，但標普 500 指數仍持續往上，一直到 2007 年 10 月 9 日標普 500 指數創下波段歷史新高 1,565 點。

從第一次殖利率倒掛到標普 500 指數創下波段高點，經歷了 20 個月，期間標普 500 指數累積漲幅達 22%。

≫ 鬼不會嚇死人，人才會嚇死人

大部分投資人都將美債殖利率曲線倒掛視為景氣衰退的訊號，導致 2019 年 8 月 14 日美股受到美債殖利率曲線倒掛影響，開盤之後一路殺低，收盤道瓊指數再度血崩 800 點，創下自 2018 年 10 月 10 日以來的最大跌點。

2019 年 8 月 14 日，美國兩年期與十年期公債殖利率曲線形成倒掛，這次的倒掛並不是美國經濟衰退的警訊，因為當時美國聯邦基金利率僅有 2%，貨幣政策屬於寬鬆，是市場資金過於浮濫造成的倒掛，投資人卻誤認為是景氣即將衰退的訊號。

2020 年，經濟出現衰退是 2020 年 COVID-19 所造成，股市也大跌 25%，這也不是因為殖利率曲線倒掛，造成經濟衰退與股市大跌。

殖利率曲線倒掛與經濟衰退，不一定有顯著必然的關係。可以確定，出現殖利率曲線倒掛是因貨幣政策緊縮，造成投資人預期未來景氣將衰退而產生倒掛。

縱使美國公債出現第一次殖利率曲線倒掛是經濟衰退的領先指標，但根據歷史經驗可以期待後續還有 20 個月的多頭走勢，所以先別急著賣股票。要注意的是雖然股市在殖利率曲線倒掛之後的數個月內，確實可能持續上攻，但這絕不是規則。看懂美國聯邦基金利率走勢，就可以掌握經濟興衰、股市與房地產的買賣點。

成功為失敗之母：
雞尾酒理論的延伸

　　彼得・林奇（Peter Lynch）是美國著名的基金管理人，他曾出任麥哲倫基金經理十三年，把基金資產由 2000 萬美元增長至 140 億美元，平均年報酬高達 29.2％。他認為股市的多頭與空頭轉折點可以透過社交場合中，與不同階層不同職業的人談論股市的過程中找到答案。

　　也就是說，想知道股市的多空走勢，走入人群中去聽就對了。林奇從過去多年來在家開辦或參加雞尾酒會時，與客人談論股票的氛圍中，發現與股市的波動息息相關，進而掌握到四個不同階段可做為投資時機的參考，這就是所謂的彼得・林奇（Peter Lynch）的「雞尾酒會」理論。

　　彼得‧林奇將在雞尾酒會中賓客談論的氛圍將股市的波動分為四個不同階段：

‧第一階段

當股市跌勢居多無預期看漲時，雞尾酒會的客人不會與基金經理人多談股市，只會叮嚀市場有多危險，隨便閒聊便轉移話題藉故走開了，他們對股市十分冷淡。

彼得‧林奇認為在這階段，股市將有機會由熊市轉為牛市，是股市開始上揚的時機，可以買進。

‧第二個階段

股票市場已經開始上漲，或是已經漲了 15%。但還是沒有什麼人注意到。酒會上的客人寧願繼續閒談或圍著牙醫聊天，沒有人願意跟基金經理人談論股市。

彼得‧林奇認為在這階段，可以持續加碼。

12
43

‧第四階段

雞尾酒會的客人紛紛開始積極地向別人推薦股票，並再度簇擁著基金經理人，告訴他個股有哪些利多，不應該錯過哪檔股票，此時客人們儼然都成為了投資老師。此時股市雖還是多頭，但些個股往往都已經漲過了。

彼得‧林奇認為，當人人都投入大筆金錢且自認是投資專家的同時，正是股市已經接近巔峰，崩跌的信號出現了。

‧第三階段

參加雞尾酒會的人興致勃勃的圍著基金經理人，基金經理人儼然成為酒會中的明星，客人熱情而又認真地詢問基金經理人，未來股市的走向與如何選股，此時已經沒有人再關心牙醫。

彼得‧林奇認為這時股市上漲約30%，還會繼續漲，投資人可以持續作多。

▷▷ 大雞尾酒會理論

近幾年來，時常看到投資達人在媒體上或出書分享他們投資致勝之道，方法不一：

有投資達人跟著投信或外資買股票，可以賺到錢。

有投資達人使用 ROE、ROA 或是個股的殖利率等基本面方式選股，可以賺到錢。

有投資達人使用一條或多條的移動平均線或是各種技術面的方法，可以賺到錢。

有投資達人以懶人的方法定期定額買進台灣 50ETF 或高股息 ETF 或主題式 ETF，可以賺到錢。

有投資達人以往下攤平的方式，雖然往下攤平不是正確投資方式，但還是可以賺到錢。

試想投資達人使用各種投資方法都可賺到錢，那麼這些投資的方法必然有獨特之處，我的答案是「對」也是「不對」。他們都可以賺到錢是因為趨勢對了，不是他們的方法對了，也就是所謂「時勢造雄，不是英雄造時勢」。

2020 年美國聯準會開始採取無限量 QE 之後，造就台股自從 2008 年金融海嘯的 3,955 最低點，漲到歷史最高點 18,619 點，事實

上任何投資方法都很容易賺到錢。如同雞尾酒會理論的第四階段，過去彼得・林奇是透過參加雞尾酒會釋出這樣的氛圍來感知資金派對帶來的歡樂。

對照今日狀況，當我們發現各式各樣的媒體宣揚著小資族賺大錢、小白翻身、提前財富自由……正同樣釋出這種氛圍，而且規模之大，活生生的驗證了「大雞尾酒會理論」。這就是要小心的地方，當大家情緒高漲，認為賺錢太容易的同時，多數人都不知道近幾年美股與台股能屢創新高，投資者大多能賺錢的根本原因，而這會導致可怕後果。

▷▷ 成功為失敗之母

很多成功的父親喜歡用自己成功的方式複製在自己小孩身上，認為這樣小孩同樣也可以走向成功之路，殊不知，時空背景的差異，過去成功的方式，往往是釀成現在失敗的主因。

簡單說，從 2008 年起，美股與台股是走大多頭趨勢，這時投資人或投資達人賺到錢了，於是把在使用的投資選股方法視為自家祕笈。但當美股與台股趨勢開始轉空時，套用這些選股經驗、投資祕笈都可能失效，真正證明了——「成功為失敗之母」。

股神巴菲特曾說過：「不要與趨勢作對」，也就是說市場永遠是對的，在多空變化迅速的投資環境中，多頭可以做，空頭也可以做，就是不要做豬頭。所謂不要做豬頭，就是永遠不要和趨勢作對。

水龍頭與大水管理論

　　如果把投資市場中房地產、黃金及股市等金融資產資金的多寡比喻為一個大水缸裡的水，注入與放出水缸的水有水龍頭與大水管兩種工具。

　　當美國聯準會調降聯邦基金利率，可視為利用水龍頭放水進入水缸，金融資產隨著挹注進來的資金水變多而往上漲，但畢竟水龍頭的速度與量有限，為了推升水位，這時候就得出動大水管，金融資產才能漲得更快更猛，而這個大水管就是聯準會所實施的「量化寬鬆貨幣政策」。

　　2008 金融海嘯之後美國聯邦基金利率從 5.25％降至趨近於零，在無法以傳統貨幣政策改善經濟問題，美國聯準會開始推出量化寬鬆貨幣政策（QE 政策），從聯準會的資產負債表來看，視為擴表。

　　簡單說，QE 政策就是聯準會印鈔票購買長期債券。如此一來美國長債價格往上漲，長期債券殖利率往下降，降低利率將可釋出大量資金到市場上，等同於利用水龍頭與大水管挹注水進入大水缸。

　　2020 年 COVID-19 疫情肆虐，美國聯準會以處理 2008 年金融海嘯類似的方法祭出了「零利率＋量化寬鬆」的貨幣政策，而且這次的

量化寬鬆貨幣政策規模更大，等同於使用了更大的大水管來注水，如此豐沛的資金水量，導致黃金、房地產、美股及台股都大漲且創下史上新高。

這也就是為什麼從 2008 年起，美股與台股是走大多頭趨勢的原因。投資人必須清楚了解。

圖 1-11　美國聯準會利用水龍頭與大水管挹注資金

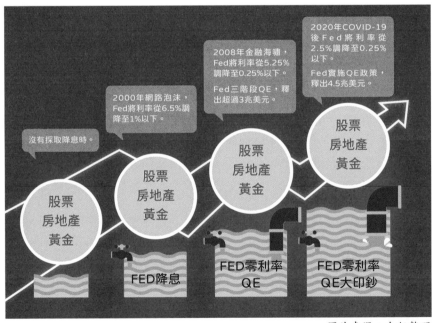

圖片來源：自行整理

接下來，投資人更須明白，2022 年 3 月美國聯準會調升聯邦基金利率 1 碼，並在 5 月調升聯邦基金利率 2 碼，7 月與 9 月分別調升聯邦基金利率調升各 3 碼，為二十二年首見，這告訴投資人水龍頭已經開始轉向，美國聯準會開始要吸走水缸裡的水了。美國兩年期公債殖利率也在 2022 年 9 月 21 日站上 4%，這再次說明聯邦基金利率與美國兩年期公債殖利率是亦步亦趨的走勢。

圖 1-12　美國聯準會用水龍頭與大水管吸走了缸裡的水

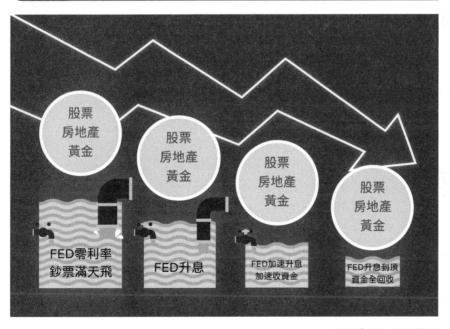

圖片來源：自行整理

接下來聯準會從 6 月開始，以每個月 475 億美元的速度縮表，收回資金，9 月份開始就上升到 950 億，大幅度賣債的情況，就會讓十年公債價格往下，相對殖利率就會往上，9 月 20 日美國十年公債殖利率站上 3.5%。

聯準會將用水龍頭與大水管吸走了水缸裡的水，水缸裡承載的房地產、黃金及股市等金融資產，將隨著水位的下降而價格大幅度往下調整。

從圖 1-12 可以看出，在 2008 年前，美國只要遇到經濟大衰退，都以降低聯邦基金利率，釋出資金刺激經濟。2000 年全球發生科技泡沫，美國聯準會將聯邦基金利率從 6.5% 調降至 1%，2008 年後不但調降聯邦基金利率調降至零之外，且配合量化寬鬆政策。

▷▷ 擴表、縮表與股市的關係

投資人時常在媒體上聽到美國聯準會即將縮表，這是什麼意思與股市有什麼關係？

這所說的「擴表」與「縮表」的「表」就是美國聯準會的資產負債表。

當投資人聽到聯準會將要擴表,這時可以準備投資買進股票;相反,當投資人聽到聯準會即將縮表,則要準備賣出手中的股票與債券相關產品了。

「擴表」是什麼?從**表 1-2** 聯準會實施量化寬鬆化幣政策之前的資產負債表中,總資產為 1,000 萬美元,負債+股東權益也為 1,000 萬美元。

表 1-2

聯準會實施量化寬鬆貨幣政策之前的資產負債表

資產 XXX	1,000 萬美元	負債 XXX 股東權益 XXX	800 萬美元 200 萬美元
總資產	1,000 萬美元	負債+股東權益	1,000 萬美元

當聯準會實施量化寬鬆化幣政策，假設印鈔 500 萬美元，買進長期債券 500 萬美元，對聯準會資產負債表，總資產增加 500 萬美元後為 1,500 萬美元，同時負債也增加 500 萬美元，負債＋股東權益增加至 1,500 萬美元，如**表 1-3** 所示。

表 1-3

聯準會實施量化寬鬆化幣政策買進長期債券後的資產負債表（擴表）

資產		負債	
XXX	1,000 萬美元	XXX	800 萬美元
長債	500 萬美元	M2（印錢）	500 萬美元
		股東權益	
		XXX	200 萬美元
總資產	1,500 萬美元	負債＋股東權益	1,500 萬美元

從**表 1-2** 總資產為 1,000 萬美元，與負債＋股東權益也為 1,000 萬美元，擴大至**表 1-3** 總資產為 1,500 萬美元，與負債＋股東權益為 1,500 萬美元，這樣可過程稱為擴表。一般而言，擴表愈大，市場資金愈充裕，更有利於股市上漲。

表 1-4

聯準會開始賣出長債後的資產負債表（縮表）

資產		負債	
XXX	1,000 萬美元	XXX	800 萬美元
公債	200 萬美元	M2（印錢）	200 萬美元
		股東權益	
		XXX	200 萬美元
總資產	1,200 萬美元	負債＋股東權益	1,200 萬美元

　　當聯準會將開始賣出長期債券，如**表 1-4**，聯準會賣出 300 萬美元的長期債券，長期債券的資產僅剩 200 萬美元，同時從市場收回 300 萬美元之前所印的錢。如此一來，**表 1-3** 總資產為 1,500 萬美元與負債＋股東權益為 1,500 萬美元，縮減至**表 1-4** 總資產為 1,200 萬美元與負債＋股東權益為 1,200 萬美元，這樣可過程稱為縮表。

縮表愈快愈大，就是聯準會賣出債券的金額愈大，將快速造成債券的價格大幅度下跌，殖利率大幅度往上升，將造成市場資金愈緊縮，使股市往下跌。簡單說，擴表股市將走多頭，擴表的力道愈大，股市上漲的力道愈強；縮表股市將走空頭，縮表的力道愈大，股價下跌的力道愈大。

股市崩跌前後的特徵

‧崩跌前的特徵——十年期公債債券價格大幅往下跌，殖利率大幅度上揚，醞釀股市崩跌。

‧崩跌後的特徵——十年期公債債券價格大幅往上漲，殖利率大幅度下跌，顯示資金持續由股市流向債市做避險。

　　投資人瞭解了股市債券關係，保持警惕並明察秋毫，才能持盈保泰！

▷▷ 台積電股價合理價格與殖利率之關係

　　科克蘭資本董事長楊應超在《老謝看世界》節目中強調，台積電的合理股價是 600 元，逢低都是買進的好時機。台積電股價 600 元真的是合理價格嗎？可以說「合理」，也可以說「不合理」。

　　前面談到巴菲特曾說，假如美國十年期公債殖利率在未來十年維持在當前的 2.3% 附近，道瓊工業指數在五十至六十年內有機會上看 10 萬點。

　　同樣思維，如果美國十年期公債殖利率在 1% 以下，十年期公債的本益比就可視為一百倍（1% 的顛倒就是本益比），當然台積電的股價 800 元、900 元甚至 1000 元也都可視為合理價格。

　　但當美國十年期公債殖利率在 3% 以上，甚至來到 4%，在台積電的現金殖利率不到 2% 的狀況下，台積電的合理價將有可能來到 400 元或更低。

　　以台積電 2022 年第一季配現金股利 2.75 元計算，全年配息約 11元。

- 如果美債殖利率在 1% 以下，台積電股價合理價格為 1,100 元以上。
- 如果美債殖利率達 2%，台積電股價合理價格為 550 元。
- 如果美債殖利率達 3%，台積電股價合理價格為 366 元。

‧ 如果美債殖利率達 4%，台積電股價合理價格為 275 元。

　　投資人要了解美國公債是無風險資產，也就是買了美國公債，公債到期，美國政府不會有違約情事發生，台積電是風險性資產。投資機構選擇投資標的時，一定以報酬率相對較高且風險相對較低為首選。

▷▷ 美元指數與聯邦基金利率

　　美元指數（ US Dollar Index ）是一種觀察美元對歐元、日圓、英鎊 、加幣、瑞典克朗、瑞士法郎等世界上重要六大貨幣貨幣的走勢指標，作為衡量美元的強弱程度。美元指數走強，代表美元相對其他六大貨幣加權平均為強勢；美元指數走弱，代表美元相對其他六大貨幣加權平均弱勢。

圖 1-13　貨幣指數權重

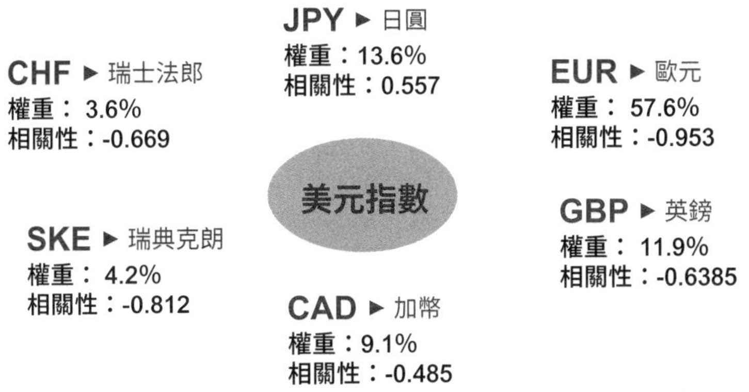

JPY ▶ 日圓
權重：13.6%
相關性：0.557

CHF ▶ 瑞士法郎
權重：3.6%
相關性：-0.669

EUR ▶ 歐元
權重：57.6%
相關性：-0.953

美元指數

SKE ▶ 瑞典克朗
權重：4.2%
相關性：-0.812

GBP ▶ 英鎊
權重：11.9%
相關性：-0.6385

CAD ▶ 加幣
權重：9.1%
相關性：-0.485

幣別指數權重 (%)
- 歐元 57.6%
- 瑞典克朗 4.2%
- 加幣 9.1%
- 英鎊 11.9%
- 日圓 13.6%
- 瑞士法郎 3.6%

▷▷ 錢將會往利率相對高的國家流

一般而言，當美國聯邦基金利率下跌，美元指數的走勢就疲弱；聯邦基金利率上升，美元指數走勢將走強。一般而言，錢將會流向利率高的貨幣（國家）。

2022 年美國聯準會（Fed）於 3 月開始調升聯邦基金利率 1 碼，並在 5 月調升 2 碼，6 月、7 月與 9 月各調升 3 碼，今年迄升息 12 碼，或 3%，並開始採取縮表政策，相對歐洲央行（ECB）僅在 7 月與 9 月分別升息 2 碼與 3 碼，美元相對於歐元一定相對強勢。

日本央行則反其道而行，不但不升息，還展開無限量購債行動，日本央行的寬鬆政策方向，也讓日圓相對美元持續走貶。美元指數中的幣別權重，歐元的權重最高為 57.6%，其次日圓的權重為 13.6%，如此以來可推測美元指數將持續強勢，這對美股與全球股市相當不利。

此外台灣央行同樣於 3 月升息 1 碼（0.25%），接下來 6 月與 9 月都只升息半碼（0.125），合計升息 2 碼（0.5%）大幅度落後美國聯準會升息 9 碼（2.25%），可預期台幣相對美元將持續貶值，資金外流，護國神山台積電也持續成為外資的提款機，這也是造成台股指數從 1 月的最高點 18,619 點大跌至 7 月波段低點 13,928 點，大跌 4,691 點的原因之一。

　　國際商品市場上，商品大多以美元計價，所以商品價格與美元指數成為明顯的負相關，也就是美元指數走弱，商品價格將往上，帶動物價上漲與通貨膨脹；預期央行將調升利率，對股市與債市不利，美元指數走強，商品價格將往下，物價下跌，沒有通貨膨脹疑慮，預期央行將維持低利率，對股市與債市有利。

　　歷來幾乎所有新興市場危機都和美元升值相關，當美元攀升，開發中國家往往被迫採取緊縮貨幣政策以捍衛本國貨幣不至於大貶值。如果新興市場國家不採取調高利率的緊縮貨幣政策，將導致該國的貨幣大幅度貶值，引起輸入型通膨，讓原本的通膨將加劇，償付美元計價債務的成本也會增加，如此一來將使新興市場國家金融情勢趨緊，從而限制這些國家的經濟復甦，對新興市場非常不利。

　　了解以上指標後，投資人對判斷趨勢，應該有初步的概念，接下來，我們將進一步討論如何順勢操作定存股。

Part **2**

畢生受用的存股法則——跟著聯準會走

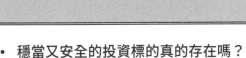

- 穩當又安全的投資標的真的存在嗎？
- 金融股定期定額存股操作實戰
- 如何判斷金融股報酬率
- 從升降息循環操作金融股
- 投資台積電與台企銀，五年後投報率誰高？

穩當又安全的投資標的真的存在嗎？

▷▷ 在股市淘金必備正確投資心態

　　股市不像經濟學理論有許多假設條件不變，股市瞬息萬變，重點是投資人要能深入瞭解及掌握瞬息萬變中的趨勢指標，如：美國聯邦基金利率、十年期公債殖利率，美元指數及台幣匯率。

> ・當美國聯邦基金利率與十年期公債殖利率趨勢是往下調降，
>
> 　美元指數趨勢是往下貶值，台幣形成升值的趨勢，
>
> 　**美股與台股指數趨勢一定往上＞＞＞＞＞有行情。**
>
> ・當美國聯邦基金利率與十年期公債殖利率趨勢是往上調升，
>
> 　美元指數趨勢是往上升值及台幣形成貶值的趨勢，
>
> 　**美股與台股指數趨勢一定往下＞＞＞＞＞沒行情。**

表 2-1

台股與美股趨勢判讀

	台股與美股多頭	台股與美股空頭
美國十年期公債殖利率趨勢	往下調降↓	往上調升↑
聯邦基金利率趨勢	往下調降↓	往上調升↑
美元指數趨勢	貶值趨勢↓	升值趨勢↑
台幣對美元趨勢	升值趨勢↑	貶值趨勢↓

資料來源：自行整理

　　進入股市，絕不是那麼容易淘到金。投資如同戰爭，股市是一個槍林彈雨的戰場，每一次台股回檔修正，戰役中必定死傷無數，若再更大幅度修正，會有更多投資人虧損慘重或永遠離開市場。從歷史戰役的教訓中，我們看到當股市在一個大波段上漲後，接著，上演外資撤、主力逃竄，僅剩眾多散戶不知大勢已去，或驚恐中還抱著些許的期待，最後不是傷痕累累，就是戰死在戰場上。

　　在兵荒馬亂的股市中，要活下來本就不容易，更何況要打勝仗？股市雖然不是一個零和遊戲，卻也絕對不是慈善機構。外資、投信、自營商三大法人及散戶每個人都想要淘金，爾虞我詐的戲碼一定不缺乏。

對大多數投資人來說，以〈夢一場〉詮釋他們的投資心境應該最適切不過，不管是南柯一夢、黃粱一夢還是莊周夢蝶。總之，有夢最美。初進股海時，許多人都想要把投資當作一輩子的事業，卻慢慢發覺，曾經擁有的一切，是多麼容易轉眼飄散如煙。

　　過去曾經是那麼乾脆的作多或作空，最後眼睜睜被套牢時，竟像孩子一樣無助，不敢也不知怎樣去面對。幾番苦痛的糾纏，多少黑夜的掙扎，終於了解自己要去承受每一刻的孤獨。但是請不要喪失信心，在迷亂的股市中，仍有很多投資人從來未曾說放棄，轉個念頭，當成一種領悟，把自己的弱點看得更清楚，更認真地學習迎接每一次的戰役。

　　話說回來，藉由股市投資創造財富與讓自己財富自由化，絕對是一個最佳途徑。但股市詭譎多變，這樣現實的情境下，投資人又如何透過投資股市穩當又安全的累積財富？

▷ 投資人永遠不會是巴菲特

目前投資人最最熟悉的方法就是「存定存股」。

投資人可以將投資基金定期定額的觀念，用來定期定額買進股票，以時間複利創造財富。

許多投資達人把「存定存股」視為懶人的投資方法，標的物鎖定後，任何價位都可以買，如台灣 50ETF 及高配息 ETF。

他們喜歡引用 2014 年股神巴菲特給股東的信中提到：「對一般非專業的投資人來說，低成本的 ETF（指數股票型基金）是最好的投資。」來說明以投資 ETF 錢滾錢是最好的投資方式。

這論調有盲點，因為台灣投資人沒想過巴菲特投資美國 ETF，與我們投資台灣 ETF 是不同的。主要是投資的心境不同，用定期定額的投資方式，如果買在高點而遭逢股價下跌時，一般投資人和巴菲特能忍受的痛苦指數差別很大。因為巴菲特所投資的資金是來自投資人的錢，而一般投資人的資金是從自己的錢擠出來的，巴菲特永遠有大筆現金準備逢低抄底，一般投資人則是在景氣衰退時為省小錢煩惱。簡單來說：

❶ 巴菲特的柏克夏海瑟威（Berkshire Hathaway）公司投資的期間是以十年、二十年、甚至四十年以上計算。一般人投資十年已經相當不容易，如果從相對高點定期定額買進，在平均

成本相對高的狀況下，往往花了時間存股，卻無法創造較高獲利，因為你買的不夠便宜。

❷ 巴菲特所說，ETF是最好的投資，指的是以美股創造出來的ETF。2017年2月，巴菲特接受CNBC專訪時表示，假如美國十年期公債殖利率，在未來十年維持在當前的2.3%附近，那麼沒買股票的投資人肯定會非常後悔。道瓊工業指數在五十至六十年內有機會上看十萬點。低利率環境下，道瓊指數六十年內上看十萬點，這樣的觀點絕對值得期待。

但投資人要了解這是美國股市，並非台股或其他市場的股市，美國是全世界最大經濟體，金融市場最大，更是全球獨一無二的資本市場，美國道瓊指數將持續往上創新高是無庸置疑。台股2022年1月4日創18,619點的歷史高位，之後由多頭轉空頭，未來何時再回到18,000點以上，任誰也不知道。

▷ 投資是時勢造英雄，不是英雄造時勢

2008 年金融海嘯後，由於美國聯邦基金利率趨近於零，也無法以傳統貨幣政策改善經濟問題，美國聯準會開始推出 QE 政策[1]，大量印鈔票購買長期債券。如此一來，不但讓全球股市大漲，台股也從 2008 年 11 月最低點 3,955 點，至 2017 年 5 月正式站上萬點。

而當美國聯準會在 2015 年 12 月首度升息 1 碼，2018 年美國聯邦基金利率來到 2.25％～ 2.5％。2018 年 10 月台股也因美國調升利率，造成跌破 10,000 點大關，最低來到 9,400 點。

2020 年 COVID-19 新冠肺炎疫情爆發，美國聯準會應對突發性的系統風暴，再度開出迅速降息至「零利率＋量化寬鬆」的貨幣政策，且量化寬鬆貨幣政策更是加碼印鈔，影響所及就是美股、台股等創造歷史性大多頭。

在 2008 年至 2022 年 1 月間，只要是存定存股的投資人，不但可以領到較高的殖利率，也享受到股價上漲的滿足感，輕鬆賺到價差。高殖利率加上資本利得正價差，當然也就創造出高報酬率。

2008 年危機入市的投資人多半都大豐收了。如此誘人的成果，

---

1 量化寬鬆（Quantitative easing，簡稱 QE）為非正規的貨幣政策，由央行透過公開操作市場，印鈔買債券，藉此將大量的貨幣供給量注入實體經濟環境中

難怪吸引許多投資人想要存定存股。但是，大部分投資人卻沒有正確觀念，不明白存定存股是「利用時間與複利來創造財富」的道理，老是隨著股價起伏。

在此必須要跟投資人澄清兩個概念：

❶ 在多頭市場時，隨便買隨便賺，投資人很容易獲得高報酬率；相對的，在空頭市場時，投資人所損失的價差，往往會損及殖利率的報酬。

❷ 存定存股必須選擇股價波動率小的產業及個股，報酬與風險是一體兩面，也就是說，如果投資人預期投資報酬率有10%，風險也相對為10%。

想做一個快樂的投資人，必須了解自己到底是要以低買高賣的方式賺取資本利得，還是靠存定存股賺取殖利率。才不會因為別人投資的個股大漲，自己持有的個股股價文風不動而感到懊惱。

2022年3月美國聯準會升息1碼（0.25個百分點）啟動升息的循環，接著5月不但升息且又縮表，9月美國聯準會主席鮑爾在會議會後聲明表示：「我希望有一種無痛的方法來降低通膨，但目前沒有」，鮑爾其實是說將不計經濟衰退的代價也要打通膨，等於將持續升息，達到通膨明顯回落為目標，而在這資金劇變的環境之下，用時間複利創造財富的「存定存股」絕對不是一個好方法，那麼，有什麼方式是更高招的方法呢？

本書在此提出「操作定存股」的新方法。只要投資人深入了解「操作定存股」的原理，確實按此方法操作，假以時日勢必可以讓投資人累積一筆相當大的退休金。

▷▷ 認識常見的存股法

一般存股投資人們會使用的方式如下：

一、存定存股

一般而言，投資基金有兩種方式：「單筆投資」與「定期定額」。

「單筆投資」是一次拿出一筆金額，選擇適當時點買進基金，目的是在高點時獲利了結。

「定期定額」如其名，每隔固定一段時間，買進一筆固定的金額，不管市場漲跌，運用長期平均法降低成本。

就是說，「存定存股」如投資基金定期定額，定期定額買進股票，以時間複利創造財富。

二、存股

「存股」就如投資基金單筆投資，但目的跟投資基金賺價差有所不同，存股目的就是將每年配發股利的錢，作為退休後的生活費，也就是除了退休金以外的被動收入。

什麼樣的族群適合存股？即將退休或已退休養老的族群。存股要

創造更優渥的股利，就一定要買得夠便宜，最好買在黑天鵝來臨、股市大跌至歷史低檔時。

因此，存股投資人一定要學會等待時機。我認為即將退休的族群，在退休的前五年就要開始準備存股。如果股市在退休前五年的期間發生大跌，出現好買點的話，就算還沒有領到退休金，仍可以先把房屋拿去銀行抵押貸款存股。

以目前低利率的情況，這五年內應該還有套利空間，因為存股殖利率高於銀行借款利率，屆時取得退休金，再償還銀行的貸款也無妨。

如果市場持續低利率的現象，也可選擇繼續套利。換言之，存股殖利率高於借款利率，就算是借錢存股都很划算。

這裡再次強調——「**存股投資人要存股或套利，一定要選擇金融股。**」

2020 年台股指數因新冠病毒崩盤，2020 年 3 月 19 日，指數來到最低點 8,523 點，同時台企銀（2834）股價最低點也來到 8.56 元，如果此時能以 9 元以下的價位買進存股，將來平均殖利率應該很容易達到 7% 以上。

所以存股一定要買得夠低，買得夠低就是定海神針，讓你退休後不必為錢煩惱。

三、波段存定存股

「波段存定存股」，意指看好大盤、個股或是 ETF 趨勢向上時，以定期定額買進股票的方式存股。但並不是以時間複利創造財富為目的，而是要以賺取資本利得為主（賺價差），配息為輔的存股策略。

例如：台積電股價來到 600 元時，年殖利率約不到 3%；或者是台灣 50ETF 股價來到 130 以上，同樣年殖利率約不到 3%，此時如果趨勢還是向上，就可採取波段存定存股的策略。

波段存定存股可以用美國聯邦基金利率作為是否要停利的指標，投資人可以在美國聯邦基金利率開始啟動升息循環時，就做停利的動作。

四、操作定存股

本書所提出的則是進階版本的存股法，也就是以定期定額買進股票的方式存股，但並不是以時間複利創造財富為目的，而是要以賺取資本利得為主，配息為輔的存股策略。

操作方式是以定期定額買進股票的方式存股。

- 當美國聯邦基金利率或十年期公債殖利率站穩 3% 時，將之前定期定額買進累積的股票全部賣掉。
- 等到美國聯準會開始啟動降息時，轉進買進美國二十年公債 ETF，持續定期定額買進美國二十年公債 ETF。

- 當美國聯邦基金利率或十年期公債殖利率來到 1% 以下，再將定期定額買進美國二十年公債 ETF 全部賣掉，再次轉進買進股票。

接著又同樣定期定額買進股票，一直循環操作，可以讓投資人累積一筆相當大的財富。

金融股定期定額
存股操作實戰

在前作《養一檔會掙錢的股票》中，我曾探討存金融股的投資人，何時必須結束定期定額的存股？

我給投資人的答案是，當美國十年期公債殖利率站穩 3% 時，金融股定期定額存股的投資人可將所有股票賣掉，變為現金。

等待全球股市與台股再次崩盤，指數跌到相對低點，要如何判斷台股指數已到相對低點呢？當美國聯邦基金利率來到 1% 以下，就是利率相對低點，再使用之前賣出持股變現的資金，投入定期定額的存股。不要小看金融股的資本利得，高賣低買獲利也很可觀。天下沒有不散的筵席，股市也沒有不散的資金派對。

案例實戰

以投資台企銀、華南金、兆豐金、第一金及合庫金等公股行庫為例。

圖 2-1 台企銀（2834）2020 年至 2022 年 9 月股價走勢圖

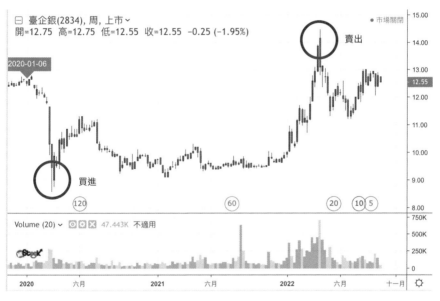

資料來源：凱基大三元

　　台企銀（2834）若在 2020 年十年期公債殖利率跌破 1% 時，開始定期定額投資，至 2022 年 3 月美國升息循環啟動，十年期公債殖利率往 3% 靠近時賣出，最低點至高點漲幅達 68.81%。

圖 2-2 華南金（2880）2020 年至 2022 年 9 月股價走勢圖

資料來源：凱基大三元

　　華南金（2880）若在 2020 年十年期公債殖利率跌破 1% 時，開始定期定額投資，至 2022 年 3 月美國升息循環啟動，十年期公債殖利率往 3% 靠近時賣出，最低點至高點漲幅達 60.12%。

圖 2-3　兆豐金（2886）2020 年至 2022 年 9 月股價走勢圖

資料來源：凱基大三元

　　兆豐金（2886）若在 2020 年十年期公債殖利率跌破 1%時，開始定期定額投資，至 2022 年 3 月美國升息循環啟動，十年期公債殖利率往 3%靠近時賣出，最低點至高點漲幅達 73.28%。

圖 2-4　第一金（2892）2020 年至 2022 年 9 月股價走勢圖

資料來源：凱基大三元

　　第一金（2892）若在 2020 年十年期公債殖利率跌破 1％時，開始定期定額投資，至 2022 年 3 月美國升息循環啟動，十年期公債殖利率往 3％靠近時賣出，最低點至高點漲幅達 74.42％。

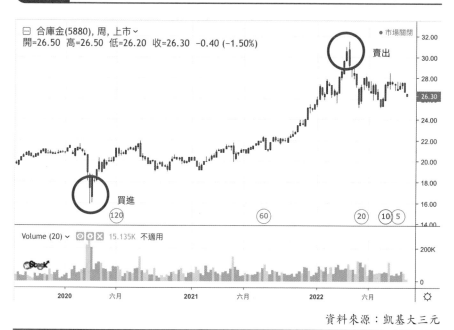

圖 2-5 合庫金（5880）2020 年至 2022 年 9 月股價走勢圖

資料來源：凱基大三元

　　合庫金（5880）若在 2020 年十年期公債殖利率跌破 1% 時，開始定期定額投資，至 2022 年 3 月美國升息循環啟動，十年期公債殖利率往 3% 靠近時賣出，最低點至高點漲幅達 98.74%。

美國十年期公債殖利率於 2022 年 5 月 5 日站上 3%。如果在 5 月 5 日十年期公債殖利率正式突破 3% 時，賣出之前定期定額投資的金融股股票，期間投資人不但可領到股息或股利，還可賺到資本利得，可說是一次很成功的定期定額存股操作。

接下來，投資人可以好整以暇，等待美國聯準會下次啟動降息循環時，將之前賣掉金融股的資金，全部轉進美國十年期公債 ETF，且定期定額買進，一直到美國十年期公債殖利率降至 1% 以下，此時投資人又可將之前投資十年期公債 ETF 的資金，全部轉為投資金融股，且持續定期定額買進金融股。

表 2-2

台企銀、華南金、兆豐金、第一金及合庫金的漲幅

股票代號	股名	2020 年 3 月最低點	2022 年 4 月最高點	最低點至最高點漲幅	2022 年 9 月 22 日收盤價（除息權後）
2834	台企銀	8.56 元	14.45 元	68.81%	12.8 元
2880	華南金	16.05 元	25.7 元	60.12%	22.8 元
2886	兆豐金	26.2 元	45.4 元	73.28%	33.65 元
2892	第一金	17.2 元	30.0 元	74.42%	26.50 元
5880	合庫金	15.85 元	31.5 元	98.74%	26.8 元

資料來源：自行整理

▷ 金融股是台灣可存一輩子的產業

　　金融股股價震盪小，不會造成投資人心情起伏不定，不用天天盯盤，符合定存股條件：

❶ 公司不會倒閉。

❷ 每年穩定配發現金股利。

❸ 現金殖利率穩定且容易填息。

❹ 利率高於銀行定存或美國十年期公債殖利率。

看懂金融股的 6 大指標

1.「逾期放款比率」與「備抵呆帳覆蓋率」評估銀行放款品質與銀行承受呆帳能力的重要參考指標，簡單說，這項指標可以看出銀行股的獲利穩定度。當「逾期放款比率」下降與「備抵呆帳覆蓋率」提高銀行獲利的穩定性。

2.「資本適足率」反映銀行本身將有多少自有資本承擔損失的程度，與創造獲利的能力，資本適足率愈高，銀行可放款與投資的金額愈高，有利於獲利的提升。

3.「每股盈餘」反映出金融股的獲利能力。

4.「總殖利率」投資人可以設定金融股總殖利率達 5%以上才做為定期定額存股標的。

5.「股票配息率」反映金融股對股東好與不好，也可以預估金融股的配息多寡，股票配息率是每股盈餘發放為股息的比例。

股票配息率＝每股股利 ÷ 每股盈餘（EPS）×100%。

為什麼金融股要看懂這六大指標，簡單說，「逾期放款比率」比率較低，「備抵呆帳覆蓋率」比率較高，金融股的獲利較穩定。「資本適足率」比率較高，銀行可以從事報酬率較高的信用貸款與股票投資可較高，有利於銀行的獲利提高。

衡量金融股賺錢能力的指標，有許多投資人達人喜歡以股東權益報酬率（ROE）與資產報酬率（ROA）作為選股指標之一。ROE、ROA 簡單來說就是金融股用自有資本與資產賺錢的賺得多有效率的指標。也就是 ROE 愈高，公司愈能妥善運自有資本。

依據公式，ROE 是以靠舉債來提高獲利，所以在負債比例愈高的產業（如：銀行業、金控業）並不適合用 ROE 來判斷。

ROA 通常用來計算銀行和金控公司等負債比例高的行業，ROA 愈高表示資產利用效率愈好，需要注意的是若公司的 ROE 高，但 ROA 卻很低，這代表公司主要獲利多是來自高財務槓桿，相對的投資風險會因此提高，但金融股本來就是高財務槓桿行業，所以 ROA 很低是正常，沒有相對的投資風險提高的問題。

「每股盈餘」則是用來評估金融股賺了多少錢的指標，最直接且最容易看懂金融股獲利指標。

此外，也有許多投資達人喜歡以股價淨值比來判斷金融股股價是否有過高的現象，股價淨值比的高低沒有一定的標準，直接以「總殖利率」作為投資準則將更精確與更容易掌握投資的時機。

通常只要金融股「逾期放款比率」比率較低，「備抵呆帳覆蓋率」比率較高就很容易預估「每股盈餘」，且金融股的「股票配息率」也較穩定，「總殖利率」也就容易預估。投資人可以設定總殖利率在 5% 或 6% 以上，開始買進金融股，這樣投資時機點很清楚且容易掌握。

案例實戰

元大金為例

2022 年元大金（2885）前 6 個月每股盈餘 0.94 元，前 6 個月平均每個月每股盈餘約 0.156（0.94 元 ÷6 個月），前 9 月每股稅後盈餘 1.57 元，可預估 2022 年全年每股盈餘約 2 元（1.57 元 +（0.156 元 ×3 個月））。

2022 年、2021 年與 2020 年股票配息率分別為 62.7%、60.3% 與 60%，平均股票配息率約 61%。

預估明年配息約 1.2 元＝預估每股盈餘 2 元 × 平均股票配息率約 61%。

當投資人設定殖利率分別為 5%、6% 及 7% 以上時，分別可以計算出買進的價格：

狀況①

　　殖利率為 5%，1.2 元 ÷5% = 24 元，投資人如設定殖利率為 5% 以上，只要股價在 24 元以下都可買進。

狀況②

　　殖利率為 6%，1.2 元 ÷6% = 20 元，投資人如設定殖利率為 6% 以上，只要股價在 20 元以下都可買進。

狀況③

　　殖利率為 7%，1.2 元 ÷7% = 17.1 元，投資人如設定殖利率為 7%以上，只要股價在 17.1 元以下都可買進。

▷▷ 從逾期放款比率看金融股值不值得存

過去銀行的獲利較不穩定，往往 1 月到 11 月的獲利還不錯，卻因 12 月大量打消呆帳，獲利減半。像銀行這種大起大落的狀況，對於投資金融股的投資人來說，很難預測獲利。

現階段的金融體系，由於監管單位的嚴格監控，銀行每個月都隨時可能打消呆帳，使金融股的體質變好了。對投資人來說，金融股的獲利相對穩定，風險自然相對降低。

放款利息收入是銀行最主要的獲利來源，放款的品質好壞攸關銀行的獲利與安全。因此「逾期放款比率」與「備抵呆帳覆蓋率」，最能作為評估銀行放款品質與銀行承受呆帳能力的重要參考指標。

想知道金融股的體質是否優良，可以從「逾期放款比率」與「備抵呆帳覆蓋率」兩個指標得知。

> 逾期放款比率
>
> 逾期放款比率＝逾期放款 ÷ 放款總額

逾期放款是指超過一定期限未正常繳納本息的放款，用以顯示銀行的放款中，可能會面臨客戶無力償還本息的情況。逾期放款比率愈高，表示銀行的放款品質愈差。一般而言，逾期放款比率在 3%以下，表示銀行的放款品質較佳。

表 2-3

2022 年 7 月銀行逾期放款比率

銀行別	逾期放款比率	銀行別	逾期放款比率
合作金庫商業銀行	0.21%	京城商業銀行	0.02%
第一商業銀行	0.18%	台灣新光商業銀行	0.13%
華南商業銀行	0.12%	聯邦商業銀行	0.12%
彰化商業銀行	0.22%	遠東國際商業銀行	0.36%
上海商業儲蓄銀行	0.24%	元大商業銀行	0.05%
台北富邦商業銀行	0.17%	永豐商業銀行	0.11%
國泰世華商業銀行	0.09%	玉山商業銀行	0.16%
高雄銀行	0.26%	凱基商業銀行	0.18%
兆豐國際商業銀行	0.17%	台新國際商業銀行	0.13%
王道商業銀行	0.35%	日盛國際商業銀行	0.15%
台灣中小企業銀行	0.20%	中國信託商業銀行	0.15%
台中商業銀行	0.13%		
整體銀行平均	0.16%		

資料來源：金管會銀行局

表 2-4

2022 年 7 月銀行逾期放款比率

銀行別	2020 年 6 月底 逾期放款比率（%）	2022 年 7 月底 逾期放款比率（%）
合作金庫商業銀行	0.38%	0.21%
彰化商業銀行	0.43%	0.22%
王道商業銀行	0.72%	0.35%
台灣中小企業銀行	0.48%	0.20%

資料來源：金管會銀行局

　　表 2-3、2-4 可看出，2020 年 6 月底的銀行逾期放款比率中，王道銀行、合庫銀行、彰化銀行、台中銀行及台企銀的逾期放款比率超過 0.3%，但整體銀行平均逾期放款比率為 0.25%。

　　銀行 2022 年 7 月底的逾期放款比率中，其中以王道銀行的逾期放款比率最高為 0.35%，台企銀降至 0.20%，最值得注意，且整體銀行平均逾期放款比率僅為 0.16%。

▷▷ 從備抵呆帳覆蓋率看金融股值不值得存

　　備抵呆帳是銀行為了可能的損失，提前進行準備。備抵呆帳覆蓋率愈高表示銀行承受呆帳的能力愈強，獲利愈穩定。

> 備抵呆帳覆蓋率＝備抵呆帳 ÷ 逾期放款（含催收）×100%

　　根據**表 2-5** 的 2005 年至 2022 年 7 月本國銀行備抵呆帳覆蓋率可得知，銀行備抵呆帳覆蓋率從 2005 年的 49.89%，持續大幅提升至 2022 年 7 月的 839.71%，比率持續創新高，這表示銀行承受呆帳的能力愈來愈強，有利銀行獲利更穩定。

表 2-5

2005 年至 2022 年（7 月）本國銀行備抵呆帳覆蓋率

年（月）	備抵呆帳覆蓋率	年（月）	備抵呆帳覆蓋率
2005 年	49.89%	2014 年	516.38%
2006 年	58.83%	2015 年	555.43%
2007 年	64.82%	2016 年	502.93%
2008 年	69.48%	2017 年	492.92%
2009 年	90.50%	2018 年	575.44%
2010 年	158.07%	2019 年	651.78%
2011 年	251.83%	2020 年	623.24%
2012 年	274.09%	2021 年	776.24%
2013 年	319.18%	2022（7 月）	839.71%

資料來源：金管會銀行局

如何判斷金融股的報酬率

▷▷ 了解金融股股利政策

　　金融業是特許行業，受到政府高度監理，在發放股利上比一般上市櫃的限制更多，簡單說，金融業不是想發放多少股利，就可以發放多少。金融業發放股利的多寡，除了受到獲利的多少影響外，還會受到「法定盈餘公積」和「資本適足率」的限制。唯有了解金融機構發放股利的限制，才有助於投資人預測金融業分配股利的多寡，幫助投資人累積財富。

一、法定盈餘公積

　　根據《銀行法》第 50 條第 1 項規定：「銀行於完納一切稅捐後分派盈餘時，應先提 30％為法定盈餘公積。法定盈餘公積未達資本總額前，其最高現金盈餘分配，不得超過資本總額之 15％。」

　　這表示銀行稅後淨利被限制 30％盈餘分配的比率不能分配股利，只有稅後淨利 70％的部分可以發放股利給股東，並限制每股現金股

利金額的上限為 1.5 元。

票券業、證券業、期貨業、保險業等其他金融機構亦有限制盈餘發放的規定。由於金融業的盈餘分配率必須符合法令規範，所以股利發放的額度會較一般公司低。

二、資本適足率

資本適足率是用來反映銀行的資產遭到損失之前，該銀行本身將有多少自有資本承擔損失的程度，依目前規定，銀行資本適足率必須超過 10.5%才符合規定，此外當銀行資本適足率愈高，銀行可以放款與投資的金額將愈多。其公式如下：

> 銀行資本適足率＝自有資本淨額 ÷ 風險性資產總額 ×100%

A 銀行資產負債表上有現金 100 萬元，政府放款 500 萬元，擔保放款 300 萬元，信用放款 500 萬元，股票投資 300 萬元，銀行自有資本淨額是 80 萬元。

A 銀行不同資產有不同的風險，所以計算銀行資本適足率時，風險性資產就由各資產乘其風險權數計算出來。

可參考條件如下：

- 現金資產的風險很低，風險權數為零。
- 銀行對政府放款，政府違約的機率很低，風險權數為 10%。
- 由於擔保放款，當擔保放款為違約時可以拍賣擔保品償還全部或部分的借款，風險權數為 50%。
- 信用放款與投資股票有可能血本無歸，風險都相當高，風險權數為 100%。

A 銀行的資本適足率的計算如下：

資產	金額		風險權數		風險性資產
現金	100 萬元	×	0%	=	0 萬元
政府放款	500 萬元	×	10%	=	50 萬元
擔保放款	300 萬元	×	50%	=	150 萬元
信用放款	500 萬元	×	100%	=	500 萬元
股票投資	300 萬元	×	100%	=	300 萬元
資產總額	1,700 萬元		風險資產總額		1,000 萬元

A 銀行資本適足率

＝自有資本淨額 ÷ 風險性資產總額 ×100%

＝ 80 萬元 ÷1,000 萬元 ×100%

＝ 8%

　　A 銀行的資產總額為 1,700 萬元，風險性資產總額為 1,000 萬元，在銀行自有資本淨額是 80 萬元，可算出 A 銀行資本適足率為 8%。

　　依據《銀行資本適足性及資本等級管理辦法》第 5 條規定，銀行資本適足率必須超過 10.5%才符合規定。

此時 A 銀行有三種方式可以行可提高資本適足率。

1. 增資

如果 A 銀行增資，增資的方式可以現金增資或是發放股票股利的方式完成，例如將資本額從 80 萬元增加至 120 萬元，A 銀行資本適足率將提高至 12%，就有超過 10.5% 法定規定。

增資雖然稀釋 EPS，但增資可以增加銀行的放款與投資，進而增加銀行的獲利，如果管理辦法規定，銀行資本適足率為 10%，這代表銀行自有資本淨額為 10 元時，銀行放款與投資可以達 100 元。

當增資 10 元後，銀行自有資本淨額將增加 10 元來到 20 元，銀行放款與投資可以達 200 元，也就是銀行可增加放款或投資 100 元，此時銀行資本適足率同樣符合 10% 的規定。

這就是為什麼法律規定資本適足率不得低於 10.5%，但銀行的資本適足率會高於 10.5% 的原因，簡單說，當銀行有比較高的資本適足率時，就可以增加信用放款或投資股票，增加獲利與 EPS。

從**表 2-6** 可知 2022 年 3 月底本國銀行體系資本適足率平均 14.91%，各銀行的資本適足率皆遠高於 10.5%，其中台企銀 13.07% 為最低，台企銀 2022 年的股利中有 0.4 元的股票股利，將提升台企銀資本適足率。

表 2-6

2022 年 3 月底本國銀行體系資本適足率（%）

合作金庫商業銀行	14.92%	京城商業銀行	15.89%
第一商業銀行	14.66%	台灣新光商業銀行	14.33%
華南商業銀行	13.54%	聯邦商業銀行	15.10%
彰化商業銀行	14.72%	遠東國際商業銀行	14.04%
上海商業儲蓄銀行	15.23%	元大商業銀行	15.08%
台北富邦商業銀行	15.12%	永豐商業銀行	15.63%
國泰世華商業銀行	16.81%	玉山商業銀行	13.95%
高雄銀行	13.60%	凱基商業銀行	14.59%
兆豐國際商業銀行	14.15%	台新國際商業銀行	14.51%
王道商業銀行	14.47%	日盛國際商業銀行	15.53%
台灣中小企業銀行	13.07%	中國信託商業銀行	16.00%
台中商業銀行	16.32%	銀行體系資本適足率	14.91%

資料來源：金管會銀行局

2. 收回或處分高風險資產

如果 A 銀行收回或處分高風險資產，例如：收回信用放款 260 萬元，同時賣掉 100 萬元的股票全部變現，這樣 A 銀行資產負債表上信用放款 240 萬元，股票投資 200 萬元，A 銀行分母會變小，資本適足率將上升為 35%，也會符合監管機關的要求。

但處分高風險資產的缺點，是銀行的獲利金額會下降，導致 EPS 衰退。

A 銀行的資本適足率的計算如下：

資產	金額		風險權數		風險性資產
現金	300 萬元	×	0%	=	0 萬元
政府放款	500 萬元	×	10%	=	50 萬元
擔保放款	300 萬元	×	50%	=	150 萬元
信用放款	240 萬元	×	100%	=	240 萬元
股票投資	200 萬元	×	100%	=	200 萬元
資產總額	1,540 萬元		風險資產總額		640 萬元

A 銀行資本適足率＝自有資本淨額 ÷ 風險性資產總額 ×100%

＝ 80 萬元 ÷640 萬元 ×100%

＝ 12.5%

A 銀行的資產總額同樣為 1700 萬元，風險性資產總額減少 360 萬元為 640 萬元，在銀行自有資本淨額是 80 萬元，可算出 A 銀行資本適足率為 12.5%。A 銀行資本適足率超過 10.5% 的規定。但收回或處分高風險資產的缺點，將造成銀行的獲利金額減少，導致 EPS 下降。

3. 發行無表決股特別股

特別股在會計上被視為資本，發行特別股可以增加銀行自有資本，銀行的資本適足率也會跟著提高。實務上，有些金融機構為了提升資本適足率，則會選擇在低利率時期，發行無表決權的特別股，如此一來，可以避免金融機構的股權被稀釋。

簡而言之，當銀行資本適足率愈高，銀行可以放款與投資的金額將愈多，代表放款及投資收益也將愈高，配息金額也會愈多。因此銀行要提高資本適足率，如果是以「增資」的方式，將有利於銀行獲利的增加；如果是以「收回或處分高風險資產」的方式，對銀行未來的獲利是相當不利。

▷▷ 金融股報酬率——看股息＋股利

一般來說，若股利愈低，殖利率會愈低；股利愈高，則殖利率也會愈高。這裡所稱的殖利率一般只考量現金股利的部分，稱為現金殖利率。

但是金融股要看的是總殖利率，也就是必須將現金股利與股票股利一起計算。原因在之前所談到，銀行資本適足率愈高，銀行可以放款與投資的金額將愈多，當銀行發放股票股利就是增資的一種方式，將提高銀行的資本適足率，銀行將可提高擔保放款、信用放款及股票投資，有利創造銀行的獲利。

1. 現金殖利率（Dividend Yield）

簡稱「殖利率」，是指每股股息（現金股利）除以每股股價，通常以百分比表示。

> 以台積電（2330）為例
>
> 如果台積電發放現金股利是 10 元，如果投資人每股以 500 元買進，股票的殖利率為 2%。投資人買一張 500 元的台積電股票需支付 50 萬元（500 元 ×1,000 股），每年收到現金股利 10,000 元（10 元 ×1,000 股）。

一般而言，選擇經營穩定，且績效良好的公司，這樣的公司的盈餘較高、較穩，發放的股利也就能較高、較穩定。只要股票的現金殖利率大於定期存款的利率，一般稱為定存概念股。

投資人如果要估算過去每年的殖利率，一般是用現金股利除以除息前一天的收盤價，現金殖利率的計算方式：

> 現金殖利率＝ 現金股利 ÷ 收盤價 ×100%

2. 股票殖利率與股價關係

股票殖利率高低將隨股價而變動，簡單來說，股票殖利率與股價之間成反比的關係，當投資人買進股票的股價愈低，殖利率就愈高；反之，買進的股票股價愈高，殖利率就愈低。

> 以台積電（2330）為例
>
> 如果發放現金股利為 10 元，如果投資人每股以 500 元買進，則股票的殖利率為 2%。如果台積電每股股價跌至 400 元，則股票的殖利率提高至 2.5%。

所以存股不是有錢就去買，而是要學會「等待」，到夠低的價位才買進，如此一來，才可以創造高殖利率。

3. 總殖利率之計算

　　股利等於股票股利加上現金股利，但一般計算股票殖利率時都只計算現金股利，如果公司有發放現金股利與股票股利，同樣也可計算出總殖利率。

總殖利率＝（現金股利＋股票股利）÷ 股價 ×100%

案例實戰

假設司馬懿在台企銀除權除息之前，每股以 10 元買進 100 張，民國 110 年台企銀的股票股利為 0.37 元，現金股利為 0.1 元，試算司馬懿的總殖利率為多少？

10 元 ×1,000 股 ×100 張＝ 1,000,000 元

· **發放現金股利：**

0.1 元 ×1,000 股 ×100 張＝ 10,000 元（忽略二代健保）

· **現金殖利率：**

$$\frac{10,000 \text{ 元}}{1,000,000 \text{ 元}} = 1\%$$

因為配股票股利 0.37 元，所以 100 張到時候會變 103.7 張。

當股票再回到 10 元時，股票殖利率 $\frac{103.7\text{-}100}{100} = \frac{0.37}{10} = 3.7\%$

· **總殖利率＝現金部分＋股票部分**

1%＋ 3.7%＝ 4.7%

從升降息循環操作金融股

金融業在降息環境下，獲利將大幅壓縮，但票券業逆勢上漲，簡單說，票券業將隨著降息獲利將會增加。

以壽險為主的金控公司，當美國聯邦基金利率來到接近零時，整體大環境有利於股市與債券走多頭，壽險為主的金控在股市與債券將有龐大的資本利得。

例如，2021 年國泰人壽的獲利為 1,128.70 億元，富邦人壽的獲利為 1,019.30 億元，因此 2021 年國泰金與富邦金的 EPS 分別為 10.32 元與 12.49 元的歷史新高。

升息有利於以利差與手續費收入為主的銀行業；降息有利於壽險業、票券業及證券業。

▷▷ 降息循環──投資最穩賺的票券股

票券公司業務模式：以短支長

一般的銀行是以存放款利差與手續費為獲利來源，但票券公司主要營運模式是以短支長，也就是以發行短期票券去投資長期債券，長短利息的利差為獲利的來源。簡單說，票券公司獲利來源可說是長天期利率減去短天期利率的利差，所以票券公司的獲利受短期利率走勢影響很大

在央行還沒升息前，票券公司發行短期商業本票給投資人的利率為1%，轉投資長期債券可獲得4%利率，賺取3%利息差。票券公司投資初期已投資利率4%的長期債券，但在升息階段要付給每月商業本票利息隨著升息愈來愈高，若升息到2%，只能賺取2%利息差，升息階段票券公司愈賺愈少。

由此可知：升息──票券公司獲利減少；降息──票券公司獲利增加。

圖 2-6 升息──票券公司獲利減少；降息──票券公司獲利增加

升息前票券公司可獲利 3%

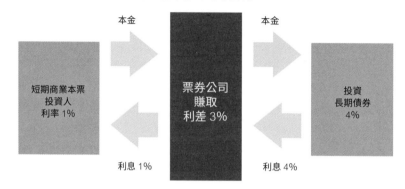

升息後，票券公司僅可獲利 2%，
票券公司利差縮小，獲利下降

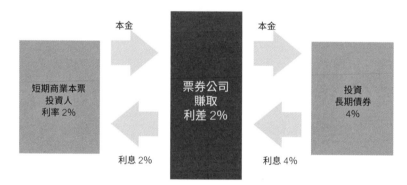

案例實戰

──以國票金（2889）與華票（2820）為例

美國聯準會與台灣央行從 2022 年 3 月起開始升息，反映在國票金（2889）今年第二季的 EPS 上，從去年的 EPS 為 0.29 元大幅度下降至 0.12 元減幅達到 58.62%，上半年的 EPS 上，也從去年的 EPS 為 0.75 元大幅度下將至 0.26 元減幅達到 65.33%。

表 2-6

國票金（2889）歷年每股盈餘（元）

季別 / 年度	2018	2019	2020	2021	2022
Q1	0.22	0.22	0.16	0.46	0.14
Q2	0.23	0.25	0.36	0.29	0.12
Q3	0.11	0.27	0.32	0.26	-
Q4	0.15	0.17	0.25	0.26	-
總計	0.71	0.91	1.09	1.27	0.26

資料來源：**HiStock** 嗨投資

表 2-7	華票 （2820） 歷年每股盈餘 （元）				
季別 / 年度	2018	2019	2020	2021	2022
Q1	0.25	0.23	0.27	0.4	0.32
Q2	0.29	0.24	0.28	0.34	0.13
Q3	0.24	0.24	0.34	0.34	-
Q4	0.21	0.22	0.29	0.3	-
總計	0.99	0.93	1.18	1.38	0.45

資料來源：**HiStock** 嗨投資

反映在華票（2820）今年第二季的 EPS 上，從去年的 EPS 為 0.34 元大幅度下降至 0.13 元，減幅達到 61.76％，上半年的 EPS 上，也從去年的 EPS 為 0.74 元，大幅度下降至 0.45 元減幅達到 39.18%。

由此可知，隨著美國聯準會與台灣央行持續升息，國票金（2889）與華票（2820）獲利衰退的幅度將更大，將對股價有不利的影響。

圖 2-6　國票金（2889）與台灣利率走勢

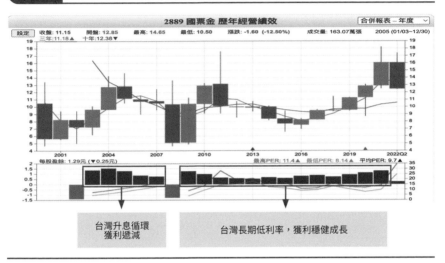

投資台積電與台企銀,五年後投報率誰高?

護國神山台積電未來五年,不管是毛利率、營益率、EPS及資本支出的高成長可以說是有史以來能見度最高,比較投資台積電與台企銀,應該有許多投資人不以為然。

但是投資人投資任何一檔股票,最終要的是能幫投資人賺多少錢,也就是投報率多少。台積電是高成長的個股,為了維持公司的高成長與競爭力,所以每一年所賺到的錢一半以上持續擴廠、買機器設備。在這種狀況下,台積電所發放的現金股利計算出的現金殖利率就相對低。

　　以 2022 年每季現金股利 2.75 元計算，年配現金股利有 11 元，如以 500 元買進台積電，殖利率只有 2.2%。

　　如果投資人以 10 元買進台企銀，每年總殖利率為 6%，另一選擇以 500 元買進台積電，在台積電未來配息有機會提高之下，每年的總殖利率以 2.5% 計算，五年之後，台企銀與台積電分別漲到 14.5 元與 750 元，不考慮複利效果，分別計算台企銀與台積電五年後的報酬率為多少？

表 2-8　台企銀與台積電五年後的報酬率估算

五年後股價	資本利得	5 年殖利率總報酬率	總報酬率
台企銀漲到 14.5 元	45%	6%×5 年＝30%	75%
台積電漲到 750 元	50%	2.5%×5 年＝12.5%	62.5%

資料來源：自行整理

接下來要探討兩個問題：

❶ 台企銀與台積電股價分別漲至 14.5 元與 750 元的機率誰比較高？

表 2-9

台企銀、彰銀及台中銀 EPS 與逾期放款比率

股號	股名	2022 年 4 月最高點	2022 年前 8 EPS	上半年 EPS（YoY）	2022 年 7 月逾期放款比率
2834	台企銀	14.45 元	0.78 元	69.57%	0.20%
2880	彰銀	19.95 元	0.72 元	30.91%	0.22%
2812	台中銀	16.2 元	0.74 元	2.78%	0.13%

資料來源：自行整理

表 2-9 從台企銀、彰銀及台中銀前 8 個月 EPS 分別 0.78 元、0.72 元及 0.74 元不分軒輊來看，及台企銀的逾期放款比率下降至 0.20% 且較彰銀的 0.22% 來得低，進一步分析，彰銀與台中銀 2022 年 4 月股價最高分別來到 19.95 元與 16.2 元作為判斷，台企銀股價要來到 14.5 元的機率相對高。

❷ 台企銀與台積電總殖利率分別為 6% 與 2.5% 是否合理？

表 2-10

台企銀過去 5 年盈餘分配率（%）

年度	盈餘分配率（%）
2022	71.2%
2021	69.8%
2020	71.4%
2019	67.2%
2018	81.5%
過去 5 年盈餘分配率（%）	72.2%

資料來源：自行整理

表 2-10 台企銀 2022 年前 8 個月 EPS 為 0.78 元，預估全年 EPS 約在 1.15 元～ 1.2 元之間，過去 5 年盈餘分配率 72.2% 來計算，總殖利率有機會來到 6% 以上。

台積電未來五年將高成長，資本支出將持續增加，以過去五年盈餘分配率為基礎計算出總殖利率，如果台積電的總殖利率由 2.5% 提升至 3%，也就是從上述假設每年配息 12.5 元提高至每年配息 15 元計算，總報酬率將從 62.5% 提高至 65%，還是比台企銀 75% 的報酬率來的低。

▷▷ 比較每年、每半年或每季配息的複利效果

2018 年後，公司配息可每年一次、每半年或每季一次，如護國神山台積電（2330）是每季配息，台灣 50ETF（0050）則是每半年配息。

舉例來說，諸葛亮每個月投資 1 萬元，一年投資 12 萬元（1 萬元 ×12 個月）買進台企銀（2834），每年平均殖利率為 6%：

❶ 每年配息一次的複利效果，15 年合計投資 180 萬，15 年後複利的本利和為 279 萬元。

❷ 每半年配息一次的複利效果，15 年合計投資 180 萬，15 年後複利的本利和為 285 萬元。

❸ 每季配息一次的複利效果，15 年合計投資 180 萬，15 年後複利的本利和為 288 萬元。

由上面計算可得知，投資 180 萬，15 年後複利效果：季配複利效果最好，年配複利效果最差。

▷▷ 台企銀與台積電的籌碼分析

　　台企銀資本額 774.32 億元，市值約 900 多億元，台積電 2,593.04 億元，股價以 500 元計算，市值約 12.96 兆元，台積電要漲到 750 元，絕對要有外資用力買超發動，台企銀要漲到 14.5 元，只需外資買超助攻。

圖 2-8　台企銀 2020 年 5 月 5 日至 2022 年 7 月 22 日各價格成交量比重

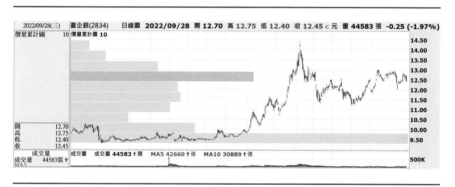

　　從台企銀與台積電 2020 年 5 月 5 日起至 7 月 22 日各價格成交量比重分布狀況來看，台企銀超過 9.25 元～ 10.25 元買進的比重最高有 35.45%（17.57%＋ 17.88%），也就是台企銀的支撐在 9.25 元～ 10.25 元，往上的籌碼少，壓力輕，股價往上突破攻擊容易。

圖 2-9 台積電 2020 年 5 月 5 日至 2022 年 7 月 22 日各價格成交量比重

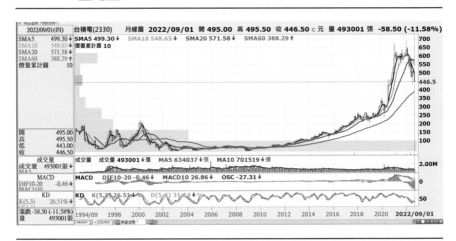

　　台積電最大壓力在 575 元～ 600 元有 677 萬多張，占各價格成交比重高達 30.58%，要突破此壓力區相當困難。如以 677 萬張 × 每張 575 元，等於需要約 3,892 億元，才能把 677 萬張籌碼全部吃下。

　　這個金額高嗎？投資人可比較國安基金總資金 5,000 億台幣，買下台積電的 677 萬張套牢籌碼，至少必須投入 3,892 億元，如此龐大金額占國安基金 5,000 億元約 77.84%。

　　試問，國安基金願意投資吃下這些籌碼嗎？當然定期定額散戶投資人更不可能，也沒有這樣龐大資金。此外，在地緣政治與台幣持續貶值下，外資持續賣台積電的機率大，當然不可能吃下這些籌碼。

MEMO

_____

_____

_____

_____

_____

_____

_____

_____

_____

_____

_____

_____

_____

_____

_____

_____

_____

_____

_____

Part **3**

存股選股的
YES & NO

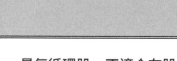

- 景氣循環股，不適合存股
- 電子股可以存嗎？
- 自創電子股高配息 ETF
- 投資台積電與鴻海十年後投報率，誰高？

景氣循環股，
不適合存股

十八世紀經濟學家提出景氣循環四個階段：繁榮期→衰退期→蕭條期→復甦期。

十八世紀末的循環，往往需要四十至六十年才有一次大循環。到了二十世紀初，景氣循環的時間大幅度縮短至七至十年左右。八〇年代已縮短到二至四年。二十世紀末，因為通訊、網路與交通的快速發展，任何重要國家、產業及企業有所消長，全球幾乎同步得到訊息，各國企業都將迅速即時的反應，如此一來，更加縮短整個景氣循環的時程。

進入二十一世紀，透過 AI 的蒐集大量且迅速資訊，再加上大數據的分析能力突飛猛進，幾乎各國政府都有完整且透明的資料庫，可以採取更明確與效率的各種政策工具，使得決策有效性大幅增加，同時，企業以大數據做為決策判斷的依據，使得企業更有科學性與理性預期的未來。使得景氣復甦加快、繁榮較長、衰退縮短及蕭條不易發生。

▷ 景氣循環產業具有暴漲暴跌的特性

所謂景氣循環股係指一家公司營收與獲利，受到「供給」「需求」與「景氣好壞」有極大正相關時，簡單說，該產業的營收與獲利會受到當時景氣變化的影響，導致供給與需求產生較大的波動。

事實上，每個產業都有各別的營收與獲利的淡旺季及供需失調時的時間點。對於景氣循環產業與一般產業的淡旺季到底有何差異，需要詳細深入的了解。

那麼究竟該如何想像什麼是景氣循環股呢？投資人可想想身處在台灣，每年會聽到某些農產品價格暴漲、暴跌，這就是景氣循環股的特色，以農產品來比喻，可說最貼切。

2022 年年初，台灣出現蛋荒，市場上只要雞蛋上架，就被搶購一空，蛋價價格飆漲，有錢還買不到。此外，幾乎每年都會出現菜價飆漲，比如一顆高麗菜 200 元，青蔥一把 200 元，2022 年時國民水果香蕉，也曾出現一斤 69 元的天價。

農產品價格的變動將影響其下一周期的產量，簡單說，今年農產品產量則取決於其去年價格的高低。例如：高麗菜價格大漲，農民將大量的種植高麗菜，使得高價後幾個月，高麗菜的供給與需求將趨於平衡，之後由於大量種植，供給大幅度大於需求，最終造成高麗菜價格的崩跌。

同樣觀念,當景氣循環產業若處在繁榮期,企業將大幅度的擴廠,造成供過於求,存貨過多,導致產品價格崩跌,2022 年的 PC、NB 價格大跌,就是景氣循環邁入供過於求最佳實例。

2020 年與 2021 年這兩年,貨櫃海運業走出一波大榮景,於是航商大下訂單造新船。媒體報導,預估 2023 年與 2024 年將有 876 艘新船要下海投入運輸,相當於 2022 年現有船數增加 27%。在 2009 年貨櫃海運業就上演過全球供過於求的崩盤慘況。

蛋、高麗菜、青蔥、香蕉價格飆漲,就如景氣循環股的極盛時期一樣,造就該產業產品的高報價與公司高獲利的前景。市場上的投資人將不理性的追逐失控的價格,於是也造就低本益比,讓許多投資人誤認本益比如此低,可作為價值型股票投資或是風險相當低,孰不知景氣循環股的特性之一就是本益比特別低。

例如:2021 年的長榮(2603)、陽明(2609)及萬海(2615)貨櫃三雄本益比都在五倍以下,友達(2409)與群創(3481)的 EPS 分別為 6.44 元與 5.53 元,本益比最高也不到七倍。又如:2008 年的鋼鐵、石油報價,雙 D「慘」業的 Dram、LCD 也是代表。

再以農產品來說明景氣循環產業產品的暴漲暴跌的特性,回顧過往新聞畫面,在價格暴跌時,高麗菜一顆不到 10 元,農產品生產過剩,被收購拿去餵豬,甚至乾脆不要採收都有可能。這也是景氣循環股的夢魘,產品報價供過於求時,很可能賠錢賠到破產。景氣循環股

國際級大公司的產業特性，似乎也有相似之處？

　　眼看他起高樓，眼看他宴賓客，眼看他樓塌了。

▷ 航運股為景氣循環股，獲利變化極大

長榮（2603）與陽明（2609）的每股盈餘，2019 年分別為 0.02 元與－ 1.66 元，短短兩年，2021 年分別來到 45.57 元與 48.73 元，創下歷史新高。

航運股為景氣循環股，未來 EPS 同樣有可能反轉大幅度往下降。特別是 2020 年與 2021 年有許多海運公司大量造新船，這些新船將於 2023 年與 2024 年交船，屆時將造成供給大幅增加，不利運費報價。

表 3-1

陽明（2609）歷年每股盈餘（元）

季別	2014	2015	2016	2017	2018	2019	2020	2021	2022
Q1	-0.48	0.09	-2.26	-0.53	-0.75	-0.26	-0.31	7.49	17.35
Q2	0.07	0	-2.97	-0.25	-1.47	-0.49	-0.03	10.36	15.90
Q3	0.43	-1.22	-2.82	0.7	-0.35	-0.53	1.05	14.66	-
Q4	0.08	-3.67	-1.17	0.25	0.04	-0.38	3.8	16.22	-
總計	0.1	-4.8	-9.22	0.17	-2.53	-1.66	4.51	48.73	17.35

資料來源：**HiStock** 嗨投資

表 3-2

長榮 （2603）歷年每股盈餘（元）

季別	2014	2015	2016	2017	2018	2019	2020	2021	2022
Q1	-0.49	0.43	-1.09	0.09	0.03	0.12	-0.09	7.04	19.16
Q2	0.04	-0.04	-0.16	0.79	-0.31	-0.08	0.66	7.98	19.33
Q3	0.53	-0.69	-0.33	1.01	0.17	0.03	1.7	15.15	-
Q4	0.25	-0.96	-0.3	-0.01	0.18	-0.05	2.79	15.4	-
總計	0.33	-1.26	-1.88	1.88	0.07	0.02	5.06	45.57	19.16

資料來源：**HiStock** 嗨投資

　　產業循環的暴漲暴跌特色，以農產品價格來形容相信大家都能了解，投資人若想，我就是想賺他的暴漲，但事實上有這麼簡單嗎？何時香蕉會暴漲？何時高麗菜會暴漲？任誰也說不準。

　　供給與需求的大失調，說來就來、說走就走，低價潛伏期可能三年、五年、十年，甚至更久。所以有投資人在景氣循環股最差時買著等，打算長相廝守，但等多久不知道，甚至可能經歷產業最可怕洗牌，一如 2020 年國際油價跌到每桶－ 37 美元，美國頁岩油商倒一片，眾所皆知的「景氣循環股」有電子業面板和 DRAM 股。

而傳統產業有：

- 水泥、鋼鐵、營建——景氣好，蓋房子；景氣差，少蓋房。
- 航運——景氣好，出口多；景氣差，出口少。
- 紡織——景氣好，多買生活用品；景氣差，少買生活用品。

我們以大家熟悉的產業來看，在台灣已經雄霸一方的景氣循環龍頭公司，真的不適合當作存股對象嗎？

▷▷ 鋼鐵人，要領股利會很痛苦

景氣循環股當中，大家最熟悉的絕對是鋼鐵股中的中鋼。2010年前，投資人常在媒體上得到訊息——中鋼現金股利高、殖利率高，甚至股東會紀念品好。因此認為是長期存股、配息的好公司。

事實上在 2010 年前，真的是中鋼的好光景，之後就是中鋼的慘澹十年。從圖 3-1 來看現金股利，從 2011 年開始中鋼股利就很不理想，甚至 2020 年現金只有 0.3 元，配股配息不穩定，而這就是景氣循環股的特色。

圖 3-1					
中鋼歷年股利					
2021	現金 3.1 元		2010	現金 1.99 元	股票 0.5 元
2020	現金 0.3 元		2009	現金 1.01 元	股票 0.33 元
2019	現金 0.5 元		2008	現金 1.3 元	股票 0.43 元
2018	現金 1 元		2007	現金 3.5 元	股票 0.3 元
2017	現金 0.88 元		2006	現金 2.78 元	股票 0.3 元
2016	現金 0.85 元		2005	現金 3.75 元	股票 0.35 元
2015	現金 0.5 元		2004	現金 3.9 元	股票 0.5 元
2014	現金 1 元		2003	現金 3 元	股票 0.35 元
2013	現金 0.7 元	股票 0.2 元	2002	現金 1.4 元	股票 0.15 元
2012	現金 0.4 元	股票 0.1 元	2001	現金 0.8 元	股票 0.2 元
2011	現金 1.01 元	股票 0.15 元	2000	現金 1.5 元	股票 0.3 元

資料來源：自行整理

　　中鋼獲利跟著景氣循環走，產品報價決定獲利高低，報價還需考量中國鋼鐵龍頭廠寶鋼、越南河靜鋼廠的國際盤價。除此之外，2022年烏俄戰爭，俄羅斯的低價鋼品大量流進台灣，使得中鋼的報價更加難以調漲。

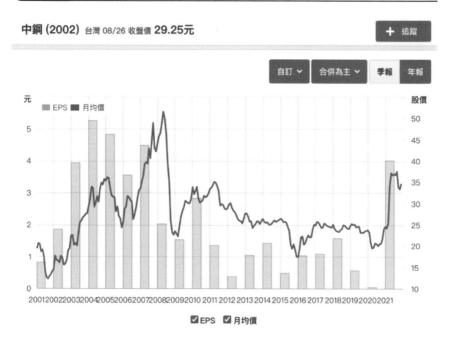

図 3-2　中鋼（2002）從 2001 年起的 EPS 變化

中鋼 (2002) 台灣 08/26 收盤價 29.25元　　＋ 追蹤

圖片來源：statementdog

　　影響中鋼的獲利因素相當複雜，尚須考慮到地緣政治、美元升貶、房地產景氣、造車造船業及風電基礎建設等等，甚至於貨幣政策的寬鬆與緊縮也都有影響。2022 年 8 月中國「爛尾樓」事件愈演愈烈，數十個省分、一百多棟爛尾樓的買方聯合拒絕繳納房貸，對於脆弱的中國房地產更是雪上加霜，嚴重衝擊中鋼營收，與中國房地產相

關的中國收成股。因此獲利不穩定的中鋼並非好的定存股標的。

從圖 3-2 看。2001 年開始，鋼鐵產業脫離景氣谷底，遇到中國的驚人需求，景氣一路走多到 2008 年北京奧運，這段期間中國大興土木建設，推升全球原物料行情，2003 至 2007 年是中鋼獲利的高峰，當年是許多婆婆媽媽眼中的高配息概念股。

但是好景不常，2008 年金融海嘯是原物料景氣的反轉點，中鋼從 2011 年開始，長達九年 EPS 沒超過 2 元。直到 2021 年通膨帶動全球原物料大漲，資金熱炒基礎建設的行情下，中鋼股價再來到 40 元以上，獲利也繳出 EPS4.02 元的好成績。

2022 年中國出乎全球意料之外，為了實施動態清零的防疫政策，大範圍的大封城，再加上全球經濟景氣走弱，使得中鋼獲利快速下滑，股價走跌。

未來中鋼能再走向大多頭嗎？一定會。但是要多久能再踏上景氣榮景？不知道！中鋼的谷底期要走多久？不確定！可以確定的是，等待過程會很痛苦，這不是適合快樂存股的標的。

▷ 景氣循環股更須廣積糧，提防寒冬再來

2021 年至今，最受矚目的景氣循環股，就屬貨櫃航運股三雄：長榮、陽明、萬海，股價大飆 200 元以上，獲利也創驚人的數字。

由於當時三家公司股價已從高點崩落，投資圈氣氛由塞港、塞船、缺櫃等的關注焦點，轉向高獲利是否帶來高配息，然而就在長榮海運股東會後，長榮通過現金減資六成案，發回每股 6 元，減資金額達 317.46 億元，消除股數約 31.75 億股，資本額由 529 億元降低到 211.64 億元。

媒體曾報導，若以 2022 年長榮獲利估算，減資後 EPS 有機會挑戰 100 元，股價 400 元以上。長榮海運選擇以減資調整資本結構及提升股東權益報酬率，負債比率降低到四成，但是消息一出，投資市場並不領情，長榮股價先重挫反應！

為什麼會這樣呢？首先，現金減資，雖然每股發還給你 6 元，但是同樣的，手中由原本的一張 1,000 股，變成 400 股，現金減資後雖然股價可能大漲，但是這時股票的市價也只有 200 元、250 元的四成，股票的市價並未增加。

最令人擔心的，就是景氣循環股應該要在賺大錢時廣積糧，以面對未來深不可測的寒冬。2023 年起貨櫃航運新船將大量的建造完成，截至 2022 年 2 月 10 日止，全球的運力約 2,540.9 萬 TEU（20 呎標準

櫃），當前新船訂單為 564.17 萬 TEU，三到四年內陸續交船，等於未來三年多了五分之一的供給量出現。

同時，景氣也正走向衰退，讓人浮現起之前貨櫃海運陷入十年大空頭的艱苦時刻，那時候海運界苦，政府也苦，而更苦的是投資人，因為股價跌到快成雞蛋水餃股！

圖 3-3

海運殺戮大事記
· 2016 年 2 月 8 日，全球最大航運公司馬士基（Maersk）發布的財報數據顯示虧損 19 億美元。
· 2016 年 8 月 9 日，馬士基（Maersk）宣布，退出中國 10 個港口的進出口服務業務。
· 2016 年 8 月 31 日，韓國最大海運公司，40 年歷史韓進海運宣布破產。
· 2016 年 10 月 31 日，日本商船，商船三井及川崎汽船宣布三合一，為了對抗產業蕭條。
· 2016 年 12 月，陽明決定減資 53%，以打消虧損。
· 2017 年 6 月 5 日，德國最大船公司瑞克麥斯集團（The Rickmers Group）破產，規模創韓進海運破產來新高。

資料來源：網路

景氣循環就如同前段所言，供給過剩如同菜農辛苦種出來的高麗菜或是香蕉，只能賤賣餵豬，甚至不賣直接放到爛。這樣的事情如果發生在海運公司，不只是單純的船不開就沒事，破產、裁員、縮減業務，甚至最後要由國家介入主導紓困，影響之大之深遠過於農產品。

　　貨櫃海運最慘烈的淘汰賽發生在 2016 至 2017 年間，當年韓國最大海運公司，有四十年歷史、跟隨韓國經濟走向輝煌年代的韓進海運（Hanjin Shipping）宣布破產。

　　德國最大船公司瑞克麥斯集團（The Rickmers Group）也破產，瑞克麥斯集團歷史，可以追朔到 1834 年，是有一百八十年發展歷史的船運公司，該集團在 2015 年時曾營運著一支超過 130 艘船的船隊，僱傭超過 1700 名海員和 470 名在岸員工。有如此輝煌、近兩百年的船運公司，也抵擋不了景氣循環的谷底，凜冽寒冬的產業淘汰競賽而倒閉。歷史讓我們鑑往知來，景氣循環股，最重要的就是在獲利最高峰時「廣積糧」，以面對寒冬時的供給過剩、需求消失。

　　2022 年長榮海運選擇現金減資，9 月 19 日以 187 元恢復買賣，股價直接往下摜壓，投資人與資金已對長榮未來投下不信任票。下一波景氣淘汰產業生存戰時，長榮獲利很可能回歸到損益兩平，減資後，獲利若 EPS 回歸每年 1 至 2 元，屆時股價跌點恐更多。

圖 3-4　長榮海運歷史走勢圖

圖片來源：ＸＱ全球贏家

　　另外，景氣循環股被套牢了，會套多久，從**圖 3-4** 可看到，1990 年 2 月 1 日，長榮海運股價見高 92.4 元，買在當時歷史高位的投資人是套牢 30 年後，才再見到 90 元。

　　如果存股存到長榮海運，想必這三十年相當辛苦，而這次貨櫃海運的榮景造就長榮漲到 233 元，買在高價位的投資人，三十年後還能再看到這價位嗎？我想應該會是南柯一夢，值得用心思考。

▷ 面板股減資，立即遇到景氣寒冬

過往兩兆雙星的面板產業，被景氣循環大大修理，相信投資人都不陌生。2022 年友達、群創相繼宣布辦理現金減資，減資股東會上，給外界正面的解釋是，台灣 TFT LCD 液晶面板產業正式「告別景氣循環股」。這正是所謂的「人類最會寫歷史，最容易忘記歷史教訓。」

2022 年 6 月，面板大廠群創召開股東常會，通過盈餘分配案發放 1.05 元現金股利，及現金減資案 9.5%。友達股東會則是通過每股配發現金股利 1 元及減資退還 2 元，合計 3 元。

當年在三月，友達減資一事引起很大爭議，友達小股東發言直指，盈餘分三年發放，如果公司營運不如預期，是否會出現無法實現相關報酬計畫的困境？

財團法人證券投資人及期貨交易人保護中心代表也提出相關問題，包括友達過去每年在股東會上提出增資，顯然提案目的是有資金需求，為何決策轉折要辦理現金減資？

對此，友達董事長彭双浪表示，友達 2021 年稅後純益 613.3 億元，創造「二十六年來最高獲利」，公司實施「雙軸轉型」效益逐漸顯現，未來可望帶來穩定的現金流，因此承諾將提供未來三年穩定且明確的股東報酬，以提升長期股東權益及企業價值。

友達高層雖這麼說，但是投資市場率先不領情，友達股價也從 2022 年 3 月高點的 22 元，一路跌到最低 13 元。

業績展望方面，2022 年 7 月 16 日，全球第二大面板廠 TCL 發布獲利預警，預期 2022 上半年獲利將銳減 90%，台灣面板雙虎友達、群創也正式宣布，2022 年第二季轉為虧損，終止連七季獲利，且吃光第一季的獲利，上半年出現虧損。

友達第二季稅後淨損 56.32 億元，單季每股淨損 0.59 元；累計上半年每股淨損 0.05 元。群創第 2 季稅後淨損 47.41 億元，每股淨損 0.45 元，累計上半年每股淨損 0.27 元。

外資券商瑞信證券出具報告，認為台灣面板產業有高通膨壓力、運輸成本提升及地緣政治風險、庫存調整等因素，將持續干擾面板的需求面，不僅下半年 IT 及電視面板呈現旺季不旺，進入 2023 年更高的通路庫存及需求疲弱的雙重壓力仍未解，因此大膽預估友達、群創恐連兩年繳赤字財報。

「高築牆、廣積糧」一直是景氣循環產業的公司長久生存、擴大競爭力的不二法則，若是公司將手上的現金大手筆灑出去，怎麼應對未來的景氣衰退，業績虧損呢？

電子股可以存嗎？

要做一個快樂的投資人，首先要有正確的投資態度與觀念。如同先前所述，投資前必須了解自己是要賺資本利得（價差）或是存定存股。

若要賺資本利得，要看懂大盤未來的多空趨勢，如確定是多頭趨勢，當然要選擇未來成長性高的產業與個股，而且必須股性活潑、股價成長性高，例如電動車概念股、低軌道衛星、綠電概念股或生技概念股，而不是牛皮股。不過，選擇這樣的產業與個股，勢必也會為投資人帶來不可預測的歡喜及憂慮。

不想天天盯盤、心情起伏不定，就要選擇存定存股，利用時間複利的效果來創造財富。選股條件必須著眼於以下要點：

❶ 公司不會倒閉

❷ 每年穩定配發現金股利

❸ 現金殖利率穩定

❹ 殖利率高於銀行定存或美國十年期公債殖利率

投資人可以用上述四個條件來檢視電子股可以存嗎？

▷▷ 電子股淘汰快速的風險評估

1990 年電子產業占台股市值僅 2.74%，1991 年台灣開放外國專業投資機構投資台股後，電子股儼然成為台股的主力軍。1999 年之後電子產業占台股市值已經超過 50%，這十年內，電子產業像用飛的一樣。

隨著科技日新月異的發展，電子產業循環很快，有不少電子股看起來體質不錯，成長性又高，但電子業競爭激烈，且技術日新月異，往往在大手筆擴產後不巧碰上景氣下滑，被砍單或搶單，營運風險偏高，或是公司經營層一不小心決策錯誤，上演斷尾求生戲碼，以下是幾個經典案例介紹。

1. 決策錯誤，上演斷尾求生戲碼——諾基亞（Nokia）

曾連續十四年都是手機龍頭的諾基亞，過去以「一條龍設計軟、硬體」，讓諾基亞大幅度降低成本，不但大敗對手摩托羅拉（Motorola），手機也成為公司獲利金雞母。

但諾基亞卻在蘋果和 Google 的 App 平台推出後，由於手機軟體遊戲規則被新商業模式打破，讓諾基亞面臨系統封閉、應用軟體進步速度不若開放平台的窘境，在 2014 年斷尾求生出售手機事業。

2. 成功為失敗之母——柯達步入歷史

學生時代的照相就是把底片裝進相機、拍好照片，帶到相片館沖洗，等待看到沖洗好的相片，這種期待相信許多投資人都有類似的經驗，那是一種說不出的愉悅。

用底片拍照的需求在 2011 年到達史上顛峰，在數位相機和手機拍照出現後，底片的銷售量一路急轉直下，之後更是兵敗如山倒，在這種趨勢下，世界上最大的底片製造商柯達於 2012 年申請破產保護。

柯達為什麼會破產呢？即使外在環境在改變，柯達卻在過去有製造底片的優勢和高利潤率而拒絕改變，一廂情願認為還可以繼續，最後步入歷史。

簡單來說，柯達經營者的成功經驗，讓他們止步於對高科技技術的追求，即使預見產業下滑，仍死守相機底片業務才是柯達轉型失敗主因

3. 宸鴻兩次大幅度擴廠不同命運

　　觸控龍頭宸鴻（TPK-KY 3673）兩次擴廠，一次曾以每股獲利超過42元，成為每股獲利王，另一次卻創下台股上市企業單季最大虧損紀錄。

　　2012年，宸鴻為了微軟與英特爾陣營力拱的觸控筆記型電腦，因應客戶需求，增加資本支出150億元擴大產能。由於觸控筆記型電腦市場不如預期，2015年第三季財報中，提列資產減損，導致淨損高達194億元，EPS虧損55元。

　　提列資產減損中，至少有三成是與微軟、英特爾合作，擴大筆電觸控面板產能有關。

表 3-3

2012 年至 2021 年玉晶光（3406）與 TPK-KY（3673）每股盈餘（元）

股號	股名	2012	2013	2014	2015	2016	2017	2018	2019	2020	2021
3406	玉晶光	9.04	-3.74	-6.95	-11.3	-1.54	10.5	9.38	24.79	27.42	20.52
3673	TPK-KY	44.33	21.9	0.84	-57.86	-4.27	6.64	0.55	0.51	2.54	2.63

資料來源：自行整理

我們時常聽到一句話：「翻臉比翻書還快。」

許多公司的財報比翻臉更快，例如：**表 3-3** 中的玉晶光（3406）2012 年 EPS 高達 9.04 元，2013 年卻轉盈為虧，EPS 為－ 3.74 元，連虧四年，一直到 2017 年才轉虧為盈，EPS 大幅成長到 10.5 元。

TPK-KY（3673）2012 年 EPS 高達 44.33 元，2015 年卻大虧錢，EPS 為－ 57.86 元，連續虧兩年後，2017 年轉虧為盈，EPS 來到 6.64 元，但 2018 年與 2019 年的 EPS 分別為 0.55 元與 0.51 元，都不到 1 元。

在上市上櫃公司中，類似的產業或個股到處皆是。此外，許多高科技公司可能因為產品推陳出新，新科技取代舊科技而失去競爭力，面臨衰退或倒閉的風險，例如宏達電（2498）就從最高 1,300 元股價，跌到最低 24.4 元。鍊德（2349）也從最高 355 元股價，跌到最低 2.2 元。學過會計學的投資人都知道，企業永續經營是會計學的基本假設。簡單的反向思考即可得知，企業要永續經營是相當不容易的，但存定存股一存可能就是十年以上，公司在這十年間還是有倒閉的風險，只是高與低的問題罷了。

總而言之，高科技產業變遷太快速，各領域的專業更是難懂，再加上國際間的競爭激烈，投資人在挑選存股標的時務必謹慎，如果不夠了解，寧可保守選擇金融股作為定存股。

自創電子股高配息 ETF

　　高成長與技術優勢的電子股往往伴隨著高本益比與低殖利率，電子股為了持續延續高成長與技術優勢，將持續增加資本支出，也導致配息率不高現象。例如：護國神山台積電 2022 年資本支出預計維持 400 億至 440 億美元的史上高點。2022 年第二季 EPS 為 9.14 元，每股現金股利為 2.75 元，股利發放率僅 30.1%。如此台積電的現金殖利率較難超過 2.5%，由於現金殖利率未達 5%以上，不適合以時間複利創造財富的「存定存股」方式存股。

　　如果能確定大盤走勢為多頭，如台積電高成長與技術優勢的電子股就可以賺資本利得的「波段存定存股」方式存股。

　　高成長往往低殖利率，低成長往往殖利率高，所以投資人可以低成長高殖利率的電子股作為存股的標的，為了降低風險投資人更可以從低成長往殖利率高的電子股中自創高配息的 ETF。

表 3-4

自創電子股高配息 ETF

股票	年配息 次數（次）	2021 年 EPS（元）	2022 年配息（元）	年續配息次數（次）	年續配息金額（元）	投資權重
光寶科（2301）	2 次	6.01 元	4.0 元	23 次	61.65	30%
神基（3005）	1 次	7.20 元	3.6 元	21 次	32.04	15%
廣明（6188）	1 次	3.57 元	2.8 元	20 次	46.95	15%
精技（2414）	1 次	3.44 元	2.8 元	19 次	22.78	10%
威健（3033）	1 次	4.54 元	3.0 元	22 次	31.98	10%
艾訊（3088）	1 次	4.57 元	3.0 元	21 次	56.36	10%
至上（8112）	1 次	7.02 元	4.0 元	12 次	24.81	10%

資料來源：自行整理

表 3-4 自選高配息電子股 ETF，投資人可以把自組的 ETF 當作航空母艦艦隊，你可以選擇巡航速度快、武器強大的航母艦隊，也可以著重在防守型艦隊。

　　表 3-4 中，光寶科股本 235 億新台幣，2021 年全球合併總營收 1,648 億元，稅後淨利達 139 億元，每股稅後盈餘為 6.01 元，核心事業在光電、雲端及物聯網、資訊及消費性電子。

　　自組的 ETF 以光寶科為母艦，投資權重占比高，護住核心獲利；飛彈巡洋艦則是神基、廣明，神基是全球第三大強固型電腦品牌商和製造商，在全球市場有獨占的地位。

　　廣明是廣達集團子公司，一向業績、配息穩定，近年搭上自動化生產、機械手臂商機，擁有業績大成長潛力，兩家公司適合作保守型中的攻擊股。

　　最後選擇業績穩定，股價波動不大，高殖利率股的精技、威健、艾訊、至上為驅逐及補給艦隊，整艘航母 ETF 進可攻、退可守，兼具成長與高防守投資標的，投資人可以此邏輯選擇適合自己的航母艦隊 ETF。

　　自創高配息的 ETF 中，2022 年平均殖利率最高為威健（3033）的 9.65％，最低為艾訊（3088）的 5.1％，其他四檔都超過 6％，精技（2414）與至上（8112）甚至來到 7％以上。

表 3-5

光寶科（2301）歷年每股盈餘（元）

季別 / 年度	2014	2015	2016	2017	2018	2019	2020	2021
Q1	0.62	0.71	0.74	0.85	0.45	0.63	0.68	1.83
Q2	0.88	0.61	0.84	0.76	0.76	1.03	1.48	1.74
Q3	0.67	0.7	1.37	-1.47	1.14	1.34	1.29	1.33
Q4	0.61	1.08	1.1	0.99	1.07	1.03	0.86	1.11
總計	2.78	3.1	4.05	1.13	3.42	4.03	4.31	6.01

資料來源：**HiStock** 嗨投資

表 3-6

光寶科（2301）2014 年至 2022 年期間各年度平均殖利率

年度	EPS （元）	現金股利 （元）	股利配發率 （%）	平均殖利率 （%）
2022	5.08	4	78.8	6.20
2021	5.72	5.4	94.4	8.86
2020	4.53	3.2	70.6	6.85
2019	5.08	2.92	57.5	6.28
2018	1.13	0.41	258	7.51
2017	4.05	2.92	72.1	6.21
2016	3.11	2.19	70.3	5.19
2015	2.8	1.97	70.4	5.64
2014	3.83	2.71	70.8	6.11

平均殖利率＝現金股利 ÷ 股價年度平均價格 ×100%

資料來源：台灣股市資訊網

表 3-7

神基（3005）歷年每股盈餘（元）

季別 / 年度	2014	2015	2016	2017	2018	2019	2020	2021
Q1	0.02	0.65	0.53	0.72	0.81	0.57	0.47	0.85
Q2	0.34	0.47	0.63	0.73	0.77	0.87	1.51	4.1
Q3	0.14	0.44	0.83	1.02	1.2	1.02	1.12	1.05
Q4	1.01	0.63	1.69	0.91	1.05	1.21	1.3	1.2
總計	1.51	2.19	3.68	3.38	3.83	3.67	4.4	7.2

資料來源：HiStock 嗨投資

表 3-8

神基（3005）2014 年至 2022 年期間各年度平均殖利率

年度	EPS（元）	現金股利（元）	股利配發率（%）	平均殖利率（%）
2022	7.2	3.59	49.9	6.81
2021	4.4	3.59	81.5	6.68
2020	3.67	2.8	76.2	6.07
2019	3.83	3	78.3	6.44
2018	3.38	2.5	73.9	5.96
2017	3.68	3	81.5	7.15
2016	2.19	2	91.2	7.25
2015	1.51	1.3	86.1	6.32
2014	0.69	1	145	6.15

平均殖利率＝現金股利 ÷ 股價年度平均價格 ×100%

資料來源：台灣股市資訊網

表 3-9

廣明（6188）歷年每股盈餘（元）

季別 / 年度	2014	2015	2016	2017	2018	2019	2020	2021
Q1	1.03	0.33	0.33	0.25	0.12	0.59	0.66	0.68
Q2	1	0.41	0.41	0.41	0.1	0.49	-1.68	0.78
Q3	1.07	0.34	0.27	-0.09	0.37	0.5	0.79	1.01
Q4	0.75	0.37	0.71	0.47	0.73	0.27	0.64	1.1
總計	3.85	1.45	1.72	1.04	1.32	1.85	0.41	3.57

資料來源：**HiStock** 嗨投資

表 3-10

廣明（6188）2014 年至 2022 年期間各年度平均殖利率

年度	EPS （元）	現金股利 （元）	股利配發率 （%）	平均殖利率 （%）
2022	3.57	2.8	78.4	6.46
2021	0.41	1	244	2.5
2020	1.85	2	108	5.78
2019	1.32	1.5	114	3.57
2018	1.04	1.2	115	4.53
2017	1.72	1.5	87.2	3.88
2016	1.45	1.2	82.8	4.65
2015	3.85	3.2	83.1	12
2014	3.47	3	86.5	8.1

平均殖利率＝現金股利 ÷ 股價年度平均價格 ×100%

資料來源：台灣股市資訊網

表 3-11

精技（2414）歷年每股盈餘（元）

季別 / 年度	2014	2015	2016	2017	2018	2019	2020	2021
Q1	0.4	0.44	0.44	0.43	0.49	0.53	0.61	0.86
Q2	0.37	0.25	0.33	0.38	0.39	0.43	0.54	1
Q3	0.47	0.35	0.4	0.5	0.39	0.48	0.59	0.91
Q4	0.32	0.34	0.27	0.28	0.31	0.37	0.51	0.67
總計	1.56	1.38	1.44	1.59	1.58	1.81	2.25	3.44

資料來源：**HiStock** 嗨投資

表 3-12

精技（2414）2014 年至 2022 年期間各年度平均殖利率

年度	EPS （元）	現金股利 （元）	股利配發率 （%）	平均殖利率 （%）
2022	3.44	2.8	81.4	7.92
2021	2.25	1.8	80	5.71
2020	1.81	1.5	82.9	6.13
2019	1.58	1.45	91.8	6.85
2018	1.59	1.4	88.1	6.98
2017	1.44	1.3	90.3	6.98
2016	1.38	1.25	90.6	7.57
2015	1.56	1.2	76.9	6.83
2014	0.97	1	103	5.93

平均殖利率＝現金股利 ÷ 股價年度平均價格 ×100%

資料來源：台灣股市資訊網

表 3-13

威健（3033）歷年每股盈餘（元）

季別 / 年度	2014	2015	2016	2017	2018	2019	2020	2021
Q1	0.54	0.44	0.42	0.31	0.58	0.22	0.25	0.75
Q2	0.55	0.4	0.34	0.3	0.58	0.25	0.55	1.24
Q3	0.5	0.45	0.3	0.76	0.54	0.19	0.64	1.42
Q4	0.35	0.41	0.27	0.58	0.13	0.05	0.46	1.13
總計	1.94	1.7	1.33	1.95	1.83	0.71	1.9	4.54

資料來源：**HiStock** 嗨投資

表 3-14

威健（3033）2014 年至 2022 年期間各年度平均殖利率

年度	EPS （元）	現金股利 （元）	股利配發率 （%）	平均殖利率 （%）
2022	4.54	3.02	66.5	9.65
2021	1.9	1.33	70.2	5.49
2020	0.71	0.58	81.4	3.46
2019	1.83	1.02	88.4	8.46
2018	1.95	1.31	85.6	7.89
2017	1.33	1.06	80	6.1
2016	1.7	1.5	88	8.08
2015	1.94	1.94	100	9.13
2014	2.16	2	92.6	8.31

平均殖利率＝現金股利 ÷ 股價年度平均價格 ×100%

資料來源：台灣股市資訊網

表 3-15

艾訊（3088）歷年每股盈餘（元）

季別 / 年度	2014	2015	2016	2017	2018	2019	2020	2021
Q1	1.35	1.13	1.35	0.35	1.05	1.46	0.82	1.43
Q2	1.21	0.97	0.97	9.66	1.39	2.14	1.34	0.55
Q3	1.27	1.9	1.15	1.16	1.23	1.27	0.74	1.58
Q4	0.92	1.38	1.09	0.54	1.45	0.89	0.83	1.01
總計	4.75	5.38	4.56	11.71	5.12	5.76	3.73	4.57

資料來源：**HiStock** 嗨投資

表 3-16

艾訊（3088）2014 年至 2022 年期間各年度平均殖利率

年度	EPS（元）	現金股利（元）	股利配發率（%）	平均殖利率（%）
2022	4.57	3.05	66.7	5.1
2021	3.73	2.57	68.9	4.85
2020	5.76	3.98	69	7.4
2019	5.12	3.75	73.2	6.61
2018	11.71	5.53	47.2	9.81
2017	4.56	3.65	80	6.6
2016	5.38	4.3	79.9	6.61
2015	4.75	3.99	84	5.92
2014	3.47	2.67	76.9	3.91

平均殖利率＝現金股利 ÷ 股價年度平均價格 ×100%

資料來源：台灣股市資訊網

表 3-17

至上（8112）歷年每股盈餘（元）

季別／年度	2014	2015	2016	2017	2018	2019	2020	2021
Q1	0.29	0.18	0.27	0.86	0.86	0.62	0.77	1.62
Q2	0.29	0.29	1.24	0.94	1.08	0.78	0.88	2
Q3	0.51	0.35	1.1	0.99	1.07	1.1	1.2	1.8
Q4	0.2	0.38	1.09	1.16	0.84	0.91	1.37	1.6
總計	1.29	1.2	3.7	3.95	3.85	3.41	4.22	7.02

資料來源：**HiStock** 嗨投資

表 3-18

至上（8112）2014 年至 2022 年期間各年度平均殖利率

年度	EPS（元）	現金股利（元）	股利配發率（%）	平均殖利率（%）
2022	7.02	4	57	7.99
2021	4.22	3	71.1	7.11
2020	3.41	2.7	79.2	8.7
2019	3.85	3	77.9	10
2018	3.95	2.8	70.9	9.11
2017	3.7	2.48	67	8.62
2016	1.2	0.94	78	5.29
2015	1.29	1.1	85.2	7.45
2014	0.68	0.67	98.8	3.87

平均殖利率＝現金股利 ÷ 股價年度平均價格 ×100%

資料來源：台灣股市資訊網

表 3-19

2014 年至 2022 年平均股利配發率與平均殖利率

股票	平均股利配發率（%）	平均殖利率（%）
光寶科（2301）	93.66%	6.54%
神基（3005）	111%	5.72%
廣明（6188）	84.84%	6.54%
精技（2414）	87.22%	6.77%
威健（3033）	83.63%	7.40%
艾訊（3088）	71.76%	6.31 %
至上（8112）	76.12%	7.57%

資料來源：自行整理

　　從上述圖表中可以發現，自組 ETF 不但可分散風險，且在個股中，2014 年至 2022 年平均股利配發率最高為神基（3005）高達 111%，最低艾訊（3088）71.76%，這也說明了兩件事：

❶ 這些公司對股東相當慷慨。

❷ 這些公司獲利穩定，但較沒有投資的機會，把盈餘發放給股東是一件好的決策。

　　2014 年至 2022 年平均殖利率最高為：至上（8112）高達 7.57%，最低為：神基（3005）也高於 5% 來到 5.72%，這說明自組的 ETF 個股比台灣 50ETF（0050）或是高股息 ETF（0056），殖利率不但相對高且穩定。

投資台積電與鴻海十年後投報率分析

　　鴻海為全球最大 eCMMS（電子零組件垂直整合服務）廠，在專業電子代工服務領域（EMS）排名全球第一，市占率超過 40%。

　　近年來鴻海精密積極擺脫勞力密集模式，轉往發展更為自動化的代工模式。目前鴻海事業版圖三大產業（電動車、數位健康、機器人）與三項新技術領域（人工智慧、半導體、新世代通訊）的「3＋3」為公司重點發展策略，近期鴻海精密也通過合併、入股以及轉投資等方式，配合次集團事業群內部的緊密合作，積極將事業版圖擴大至新領域中。

　　鴻海相關重點布局，可參考**表 3-20** 為半導體領域相關布局，**表 3-21** 為電動車領域相關布局。

表 3-20

鴻海半導體領域相關布局

合作公司	項目	規劃
旺宏電子 （2337.TT）	6 吋晶圓廠 （台灣竹科）	成立鴻揚半導體專攻 SiC 產品
夏普（6753.JP）	8 吋晶圓廠 （日本）	旗下福山半導體生產驅動面板 IC、影像感測器等產品
DNex（DNEX.MK）	8 吋晶圓廠 （馬來西亞）	旗下 SilTerra 提供 CMOS 技術
DNex（DNEX.MK）	12 吋晶圓廠 （馬來西亞）	成立合資公司生產功率元件、射頻、CIS 等
青島新核芯科技	晶圓級封測廠 （中國山東）	WLP 封裝與測試
Vedanta（VEDL.IN）	投資製造半導體 （印度）	擬成立合資公司製造半導體
Stellantis （STLA.US）	特殊車用晶片	設計一系列特殊車用晶片
恩智浦半導體 （NXPI.US）	車用晶片	將 S32 系列處理器整合至電動車平台

資料來源：第一金投顧

表 3-21

鴻海電動車領域相關布局

合作公司	項目	規劃
碩禾電子（3691.TT） 榮炭科技（6555.TT） 中鋼碳素（1723.TT）	電動車負極材料	共同開發
盛新材料	SiC 基板	透過盛新材料取得 SiC 基板供應
Stellantis（STLA.US）	車用半導體	共同開發設計
日本電產（6594.JP）	整車設計 與動力馬達合作	與日本電產（6594.JP）合作生產
Stellantis（STLA.US）	人機互動介面服務	成立 Mobile Drive 共同開發
富鼎先進（8261.TT）	類比 IC 與功率半導體	國創半導體投資 富鼎先進（8261.TT）供應
國巨股份有限公司（2327）	ASP 低於兩塊美元的 功率、類比半導體	國瀚半導體生產
arQana	無線通訊應用車輛領域 及 5G 基礎設施	收購 arQana 成立 iCana 取得
Lorstown（RIDE.US）	電動車生產據點	成立北美第一個電動車製造基地
泰國國家石油集團（PTT.TB）	電動車生產據點	合資 HORIZON PLUS 在泰國東部經濟走廊（EEC）建立生產據點
Indaika（INDY.IJ） Gogoro（GGR.US） 印尼電池公司	電池模組等	發展電池模組、電池包、能源存儲系統、磷酸鋰鐵與固態電池等
鴻華先進	生產電動車	推出三款 MIH 電動車型_Model C、Model E 與 Model T
Fisker（FSR.US）	電動車	合作打造電動車，並計畫於 4Q23 投產 25 萬輛
Lorstown（RIDE.US）	代工製造	代工製造 Lordstown（RIDE.US）電動皮卡（Endurance）

資料來源：第一金投顧

▷▷ 鴻海上檔套牢壓力輕

　　以鴻海籌碼面來看，股價只要在 105 元以上，就象徵絕大多數投資人都是賺錢的，上漲套牢賣壓小，未來若獲利隨著半導體與電動車布局開花結果，股價勢必吸引法人進駐長期持有，投資人賺取資本利得，相對台積電來說，籌碼面鴻海勝出。

圖 3-5　鴻海各價格成交量比重分布狀況

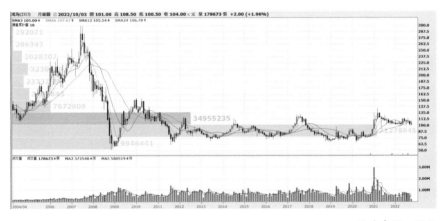

圖片來源：ＸＱ

展望鴻海未來在電動車獲利的挹注下，長期來看毛利率、營業利益率、稅前淨利率、EPS 及股價都將有機會大幅度提高與上漲。簡單看，目前鴻海（2317）獲利的第一引擎為蘋果第一大供應商，公司 2021 年 EPS 達 10.05 元，再看看台灣科技業迎接電動車商機，未來電動車平台為鴻海增添新血，是鴻海股價值得期待的第二大引擎。

　　台灣在汽車電子有雄厚實力，未來十年很可能是台灣經濟總量倍增的黃金時代！傳統汽車電子設備占 10%，未來電動汽車比重會拉升至 70%，台灣以 ICT 見長，和碩董事長童子賢表示，資訊產品年產值 6,000 億美元，電動車產值上看 6 兆美元，這是台灣的大機會！

　　台灣科技新商機，從預估數據 6 兆美元來看，台灣電子業只要每搶占 10% 市場，即等於台灣現有資訊產品年產值。電動車最主要核心馬達，目前台灣全球市占率約 80%，半導體全球市占率 65% 為全球第一，ABF 載板約 43% 市占率，車用 PCB 在全球市占率約 32%，車用面板全球市占率 35%，預期至 2035 年台灣搶占 6 兆電動車商機約為 30% 市占有率，相較目前整體台灣資訊產品年產值多三倍。

　　鴻海（2317）2022 年配發 5.2 元現金股利，以該公司 2021 年每股盈餘（EPS）10.05 元計算，配發率約 51.7%，2019 年、2020 年、2021 年及 2022 年的平均殖利率為 4.72%，隨著鴻海因電動車的發展，將有助於鴻海平均殖利率的提升（如下**表 3-22**），遠高於台積電未來幾年預估 2.2% 左右的殖利率。

表 3-22

鴻海（2317）2019 年至 2022 年平均殖利率

年度	現金股利	平均殖利率（%）	EPS（元）	盈餘分配率（%）
2022	5.2	4.93	10.05	51.7
2021	4	3.59	7.34	54.5
2020	4.2	5.24	8.32	50.5
2019	4	5.1	8.03	49.8
近四年平均殖利率		4.72		

資料來源：自行整理

想存 ETF 前，
一定要知道的事

- ETF 基本認識
- 投資 ETF，絕不是簡單的理財方式
- 不可不知的 ETF 風險
- 主題型 ETF 的選擇迷思
- 波段存股法搭配利率法則

ETF 基本認識

▷▷ 一、指數型 ETF

ETF 英文原文為「Exchange Traded Funds」，交易所正式的名稱是「指數股票型基金」，指數型 ETF 指的是把特定的股票族群集合起來，編成一個指數，每當這些股票漲或跌時，指數會跟著波動。

由於是集合最有競爭力公司的股票，波動度不會太劇烈的變化，如果其中有一兩家公司表現特別差，也不至於大幅影響指數的走勢，反而更安全、更容易掌握。簡單地說，ETF 就是結合了指數、股票和基金的特色為一身的理財工具。

表 4-1

台灣 50（0050）成分股

標的代號	標的名稱	權重%	標的代號	標的名稱	權重%
2330	台積電	45.95	3008	大立光	0.81
2317	鴻海	5.34	2207	和泰車	0.78
2454	聯發科	3.63	2890	永豐金	0.78
2308	台達電	2.42	2357	華碩	0.73
2303	聯電	1.89	3045	台灣大	0.7
2412	中華電	1.84	2887	台新金	0.69
2881	富邦金	1.67	5876	上海商銀	0.68
2891	中信金	1.65	2327	國巨	0.67
1303	南亞	1.59	2603	長榮	0.67
2886	兆豐金	1.59	3037	欣興	0.65
2884	玉山金	1.52	2912	統一超	0.64
2882	國泰金	1.46	2379	瑞昱	0.61
2002	中鋼	1.44	6415	矽力 *-KY	0.61
1301	台塑	1.36	2409	友達	0.58
1216	統一	1.32	3034	聯詠	0.57
3711	日月光投控	1.2	2395	研華	0.53
2892	第一金	1.17	1590	亞德客 -KY	0.51
5880	合庫金	1.13	2609	陽明	0.5
5871	中租 -KY	1.12	2801	彰銀	0.48
2885	元大金	1.01	4904	遠傳	0.47
1326	台化	0.98	6505	台塑化	0.46
2880	華南金	0.97	2615	萬海	0.44
1101	台泥	0.93	9910	豐泰	0.31
2883	開發金	0.87	8046	南電	0.18
2382	廣達	0.86	2408	南亞科	0.16

資料來源：元大投信

例如：「元大寶來台灣卓越 50 基金」就是組合台灣集中市場交易中的前 50 大公司的個股，投資人只要買進台灣 50（0050）一張，投資人就買台灣市值前 50 大公司的股票。

台灣 50ETF（0050）是台灣股市中第一檔掛牌交易的指數型 ETF，以追蹤台灣 50 指數的 ETF 價格為指數的百分之一。

簡單地說，台灣 50ETF 的 50 檔成分股計算出來的指數如為 14,000 點，其台灣 50ETF 每股淨值的價格為 140 元（ $\dfrac{14{,}000}{100}$ ），如果台灣 50ETF 每股市價也是剛好 140 元，只要投資人以 140 元買進台灣 50ETF，就可以一次投資台積電、聯電、台塑等 50 檔績優股，不用一檔一檔的買進。

▷▷ 二、主題式 ETF

所謂主題式 ETF 就是根據某個主題，如以電動車或是元宇宙為主題，把符合主題的股票蒐集起來，創造出一檔以主題為主的 ETF，進行投資，這就是主題式 ETF。所以，回到 ETF 的原始定義，ETF 是指數股票型基金，那麼主題式 ETF 就是有主題的股票型基金，它是追蹤主題指數。

如果投資人要買進第一金（2892）、台企銀（2834）、富邦金（2881）、國票金（2889）及群益期（6024）五檔金融股，以**表 4-2** 價格為例，投資人必須要有 155 元才能買得起。

如果市場上有券商把第一金（2892）、台企銀（2834）、富邦金（2881）、國票金（2889）及群益期（6024）五檔金融股，分別各為 20% 權重創造成為一檔股票，這檔個股可視為金融股 ETF，目前這五檔股票的淨值為 31 元，如果市價也是 31 元，投資人只要需要用 31 元就可買到這五檔個股，這就是 ETF 的概念。

表 4-2

主題式 ETF

股票	股價	權重	平均價格
第一金（2892）	25 元	20%	5 元
台企銀（2834）	12 元	20%	2.4 元
富邦金（2881）	70 元	20%	14 元
國票金（2889）	12 元	20%	2.4 元
群益期（6024）	36 元	20%	7.2 元
股價合計	155 元	淨值	31 元

資料來源：自行整理

　　因為五檔都為金融股，所以以金融股為主題所創造出來的 ETF 可以稱為主題式 ETF（**表 4-2**）。

　　目前主題式 ETF 裡，主要分成四大主題：

（一）高股息

　　0056 所謂的「高股息」，並不是全部都挑選每年穩定獲利且高配息的公司，而是在台灣 50 和中型 100 指數裡挑選股息殖利率最高的前三十檔股票，這是國內投資人最愛的主題。

（二）ESG

ESG 是環境、社會責任、公司治理三個英文單字的縮寫簡稱。由於 ESG 現在不只是台灣，更是全球的趨勢，所以不少投信公司也推出 ESG 主題式基金。

（三）半導體

台灣有半導體王國的稱號，再加上有護國神山台積電（2330）的加持，就創造出以半導體主題的 ETF。

（四）未來高科技

這一主題包含的類股較多，例如：5G、電動車、AI 人工智慧、綠能、元宇宙等，都屬於這一分類（**表 4-3**），所以創造出相關主題式 ETF。

表 4-3

主題式 ETF

代號	簡稱	主題
00762	元大全球 AI	AI
00851	台新全球 AI	
00876	元大全球 5G	5G
00881	國泰台灣 5G ＋	
00850	元大台灣 ESG 永續	ESG
00878	國泰永續高股息	
00692	富邦公司治理	
00861	元大全球未來通訊	5G
00895	富邦未來車	電動車
00891	中信關鍵半導體	半導體

資料來源：自行整理

投資 ETF，絕不是簡單的理財方式

▷▷ 從發財金看投資 ETF 面面觀

　　發財金又稱錢母，通常是廟宇借給信徒的小額現金。「錢母」一名是因為這些錢是能以錢生錢的現金，而「發財金」則有「預祝發財」之意。信徒多半會以此為本錢，做生意、投資等等，希望有神明的加持，能夠一本萬利，而習俗上大部分的人會一年來還一次願。從發財金習俗上也大略看出國人的投資習慣，就是在意短期獲利。

　　投資人買 ETF，就是要長期投資，愈存愈香，但是很多人認為定期定額買，就是最安全的投資策略。這邊我們要思考一個問題，存 ETF 最快樂的時光，絕對不是一路從低點存上去，在高點沒賣，又從最高點存下去，存 ETF 最快樂的時光是「買得夠便宜」，記得「買得夠便宜」。

投資人千萬要了解，存股的真諦在於「買得夠便宜」，讓你看到負報酬時間愈少，投資愈快樂，也就如每年還願、償還發財金的快樂之處。

至於 ETF 該怎麼買，投資人應該要有正確的認識，包括各種類ETF 本質、組成方式、淨值增減、配息方式等等，最重要的是，要認識投資的 ETF 獲利報酬模式，了解這檔 ETF 適不適合你。

情場上有句話這麼說，「在對的時間遇見對的人」，投資 ETF也是，要在對的時間投資對的 ETF，而且是適合你的 ETF。

若是存了 ETF，就要如同日本的日光東照宮最具盛名的代表物「三猿」的雕像，又稱「三不猴」，分別摀住眼睛、耳朵和嘴巴，代表的是，「不看」「不聽」「不說」（見ざる＝勿見、聞かざる＝勿聽、言わざる＝勿言），也被稱為「Three wise monkeys」，也就是投資人不要看、隨時買、買了更不要理。

捫心自問，錢擺在那邊不看可能嗎？不要自欺欺人，每每看到負報酬時，你快樂得起來嗎？投資在於心境，也在於知道自己要的是什麼。簡單的說，投資期間正報酬時間越長越好，也就是盡量保有快樂時光，最後能夠累積一筆財富。此外，最重要的是要了解投資風險。

▷▷ 蒙娜麗莎很美，買 ETF 千萬別只是看熱鬧

世上最有名的畫作之一《蒙娜麗莎》，同時也是世上謎團最多的畫作。其中關於模特兒的真實身分更是眾說紛紜，有人說是曼切華侯爵夫人伊莎貝拉‧埃斯特（Isabella d'Este），或說是達文西的母親，甚至還有人說是達文西本人的自畫像。

《蒙娜麗莎》畫作長期保存在巴黎的羅浮宮裡供大眾欣賞，去過羅浮宮的朋友都會知道，羅浮宮裡最高人氣、人潮最多的，就是《蒙娜麗莎》畫作，但是真正能夠鑑賞它的人又有多少？甚至研究過它的人有多少？相信在羅浮宮裡的遊客都是看熱鬧居多！

同樣思維，每年熱門的 ETF 如過江之鯽，來來往往好不熱鬧，但百檔以上的 ETF，投資人有真的去仔細了解它嗎？相信大部分投資人應該都是人云亦云之下投資，這麼一來，與只是眾多搶看《蒙娜麗莎》畫作的過客又有甚麼差別。

ETF 成分股有 30 至 50 檔組成，如果要研究這麼多檔公司的產業面、基本面、趨勢面，不如專注研究幾檔有競爭力的公司更簡單。

表 4-4

原型 ETF 績效排名

排名 / 時間	2021	2020	2019
01	富邦台灣中小 ＋ 61.96%	統一 FANG ＋ 91.37%	富邦科技 ＋ 51.42%
02	元大中型 100 ＋ 42.16%	富邦科技 ＋ 52.15%	富邦深 100 ＋ 46.26%
03	元大 MSCI 金融＋ 41.22%	富邦深 100 ＋ 46.95%	元大電子 ＋ 39.61%
04	元大富櫃 50 ＋ 39.09%	國泰台韓科技 ＋ 42.20%	富邦台灣中小 ＋ 37.81%
05	永豐台灣加權 ＋ 31.79%	群益深証中小 ＋ 41.67%	富邦摩台 ＋ 36.36%
06	元大台灣高息低波 ＋ 31.01%	國泰費城半導體 ＋ 41.27%	國泰中國 A 50 ＋ 33.84%
07	FH 富時高息低波 ＋ 29.74%	富邦 NASDAQ ＋ 38.26%	群益深証中小 ＋ 33.23%
08	第一金工業 30 ＋ 29.51%	元大全球 AI ＋ 37.35%	元大 MSCI 台灣 ＋ 32.18%

資料來源：網路資料整理

　　表 4-4 列出 2019 年到 2021 年底，每年 ETF 的績效排名，投資人會不會覺得，在買 ETF 之前，看到這些高報酬率，感覺每檔 ETF 都是蒙娜麗莎在向你微笑，重點是你真的了解 ETF 成分股中的產業與個股嗎？

　　表 4-4 中排名特別好的 ETF，意即持股比重較高的公司，在當年股價大漲，換句話說，上百檔 ETF 中，你要挑中會漲的 ETF 不是一件容易的事。而從每年的前八名排名來看，重複進榜機率不大，這又代表了什麼意思？

　　ETF 成分股多，看似遍地是黃金，但這隻金雞母能不能下出黃金蛋，在募集資金、決定成分股，就決定大半的未來績效！

　　以上要告訴投資人，任何投資都有風險，買 ETF 絕不是懶人的投資方法，更不是媒體或投資達人口中所說的簡單的投資方法，也千萬別把自己當成羅浮宮觀看蒙娜麗莎畫作的遊客，挑選 ETF 不要只看熱鬧！

▷ 滿城盡是 ETF 黃金甲，真正戰勝大盤不多

投資人如果有注意 ETF 績效排行網站，績效分類期間大都是以期間設定，比如：今年以來、三個月以來、六個月以來、一年以來、三年以來或成立至今以來，為什麼這些 ETF 會以這樣的方式來呈現績效？原因當然很簡單，就是統計學上，取最好看的平均報酬率數字呈現。

如果績效評比改成年度統計，讓投資人將當年度的 ETF 與大盤漲跌績效做比較，會發現百檔中的 ETF，真正打敗大盤的少之又少，比如 2020 年、2021 年是台股史無前例大多頭年，2021 年台股原型 ETF，只有 8 檔打敗大盤。2020 年台股原型 ETF，也是只有 10 檔 ETF 打敗大盤。

若以這樣的數據來判斷，投資人覺得精挑細選或佛系理財，挑選到的 ETF，將會打敗大盤嗎？

而坊間介紹 ETF，多是以成分股、追蹤標的之未來性或過往年化報酬率推薦，但若拆開來觀察，每年跟大盤漲跌幅做比較，投資人要考慮的是，你買的 ETF 能贏過大盤嗎？你買得到績效贏過大盤的 ETF 嗎？如果在多頭市場，投資人這樣的要求只是最低標吧！

▷▷ 那些年，一起追的「ETF」夢還在？

電影《那些年，我們一起追的女孩》，在 2011 年引起廣大的熱潮。如今，電影已經過去十多年，當年的女主角沈佳宜，依舊是大家回憶中，念念不忘的情人，電影裡中有一句金句台詞：「人生本來就有很多事是徒勞無功的啊」。

套用在投資市場上，你過去投資經驗上，是否也都是徒勞無功？大家都在追求財務自由，但最後女主角沈佳宜、幸運女神卻不是眷顧你！原因可能是，你的劇情變調成「那些年，我追了很多女孩！」

根據證交所 ETF 交易資訊（**表 4-5**），年成交資訊中的成交筆數最多的前十名數據顯示，2022 年以來，在美國聯準會啟動調升利率之下，台股指數大跌，高股息儼然成為投資主流，而 0050 市值型 ETF 更是排第一，顯示投資人把高股息、0050ETF 當成護身符，而主題型的 5G、電動車、半導體成交筆數大增，代表相當多投資人還用過去在多頭市場，愈跌愈買的投資方式進行投資，殊不知美股與台股已由多轉空，當然就愈套愈深。

表 4-5

ETF 年成交資訊中，成交筆數前 10 名概況統計

時間	ETF 年成交資訊中，成交筆數最多的前 10 名概況統計
2022 年 1 月 3 日至 4 月 22 日	高股息 3 檔 電子相關 4 檔（5G、電動車、半導體） 元大台灣 50（0050）排名第一。
2021 年全年	高股息 3 檔 電子相關 2 檔（5G、電動車） ＶＩＸ、台灣 50 反 1 各 1 檔 元大台灣 50（0050）排名第三。
2020 年全年	富邦 VIX、元大台灣 50 反 1 排名位居一、二名 高股息 2 檔 石油正向 ETF4 檔
2019 年全年	中國標的 3 檔 元大台灣 50（0050） 元大高股息（0056） 原油正反 3 檔 VIX 1 檔
2018 年全年	中國標的 4 檔 元大台灣 50（0050） 元大高股息（0056）
2017 年全年	中國標的 5 檔 元大台灣 50（0050） 石油 ETF2 檔

資料來源：證交所網站

時間回到 2021 年，全年股市大震盪，高股息成焦點，VIX 及台灣 50 反 1 也成為當時的熱門 ETF，當年 5G 及電動車首度推出，即成為投資人追逐的焦點。

2020 年因油價跌到負數後大漲，石油正向 ETF 共有四檔成為人氣指標。2017 年至 2019 年期間，中國股市大震盪且位階處於相對低檔，買進中國 ETF 為存股成焦點，但相信這十年間買進中國、香港相關標的的存股族，如今大都成為躺平族吧！

所以本書的宗旨在於存股以金融股及美國二十年期債券為主，依美聯聯邦基準利率及美國十年期公債殖利率為指標，選對時機進行定期操作，長期投資一定有高報酬，而一味追逐熱門的市場及商品，風險很高，賺錢的機率相當低。投資人要切記：「過去如此，現在如此，未來也是如此」。

不可不知的 ETF 風險

▷ 萬八微笑曲線存股能財富自由？

　　相信市場上，很多投資達人鼓吹，以微笑曲線存股，愈跌愈要買，低點買足，漲回來後加倍賺，乍聽之下，這句話相當有道理，但是你買的位階，決定你的一生！

圖 4-1　三十年南柯一夢

1990 年 2 月 12 日
12,682 點

台股微笑曲線，
存愈高底愈深，
三十年南柯一夢

2020 年 7 月 27 日
12,686 點

圖片來源：自行製作

　　圖 **4-1** 顯示，1990 年 2 月 12 日台股創下 12,682 點，此後三十年間，從沒再回過 12,682 點，相信老一輩的股民，或許曾經懷疑過，自己有生之年，是否還能再看到台股上 12,682 點的榮耀，等了三十年，終於在 2020 年 7 月 27 日，又看到台股再度站上 12,686 點。

　　當年如果有 ETF，多少人能始終如一的持續存股，足足存三十年。而且，存股在歷史高點，未來會跌多深不可預知！

圖 4-2　**存愈高，底愈深**

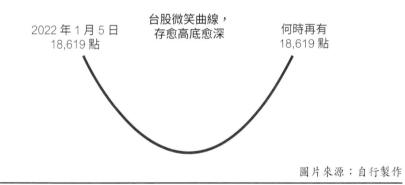

圖片來源：自行製作

　　圖 **4-2** 是台股在 2022 年 1 月 5 日創下 18,619 點，這歷史高點，就如本書第一章所提到的，是史無前例的量化寬鬆、史上最強大的資金水位，造就台股再創歷史新高。預估這波資金水位，將在美國通膨居高不下，美國聯準會將會以史無前例的速度收回資金。

在萬八、萬七存股、存 ETF 的投資人，該擔心的是如果要存股下去，到底存（沉）有多深之後，才可再快樂起來？簡單說，台股何時再次回到 18,619 點？十年、二十年或是三十年？投資人過去或現在存股的 ETF，能夠等得到下次台股再次突破歷史高點嗎？我相信這是一件不容易做到的事。

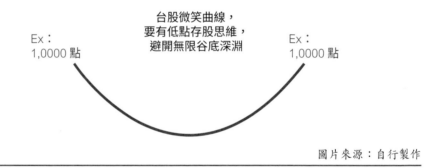

圖 4-3　在低點存股的思維

Ex：
1,0000 點

台股微笑曲線，
要有低點存股思維，
避開無限谷底深淵

Ex：
1,0000 點

圖片來源：自行製作

圖 4-3 就是我不斷提倡的，存股、存 ETF，要在相對低位階存。比如，你在萬八存股，跟在一萬點存股，相對來說谷底少了 8,619 點，投資的壓力上也較為輕鬆，當然此時存股，快樂多一些，痛苦少一些，累積財富將會多很多，就可安心好好過退休生活。

圖 4-4   存股族的人生勝利組

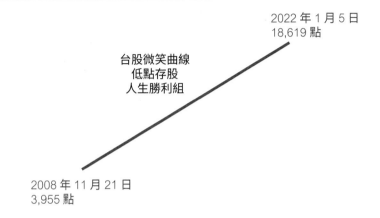

2022 年 1 月 5 日
18,619 點

台股微笑曲線
低點存股
人生勝利組

2008 年 11 月 21 日
3,955 點

圖片來源：自行製作

在金融海嘯過後，存股族可說是人生勝利組，存在 3,955 點的相對低點，不管是單筆大量資金進場買進存股，或是定期定額買進存股的投資人，存股不是微笑曲線，而是以陡峭的方式，往上直衝達到人生高點，是這十四年來的大多頭，讓他們笑呵呵！

存股的思維重不重要？重要！要快樂的存股，就要學會「等待」在接近相對低點時，開始存股，不用懷疑，那人生勝利組就屬於你。如何判斷接近相對低點，這也是本書前面持續強調，看懂「利率」與「匯率」指標，再加上「等待」。

▷▷ ETF 最大風險：大熊市出現

台灣股市經歷 2007 年至 2008 年金融海嘯後，走上近十四年歷史性大多頭，台股指數從 2008 年 11 月最低 3,955 點，一路上漲到 2022 年 1 月 5 日歷史新高 18,619 點。這段行情是史上最大漲幅、最大的牛市行情，創造諸多股票型 ETF，以市值型 0050ETF 為主的相關商品，展開一段奇幻旅程。

許多投資達人鼓吹，隨時隨地買、買了不要看。市值型 ETF 就能二十年、三十年後擁有高額被動收入，實現財富自由，當時確實大部分的投資人都相信「財富自由」這一天將到來。

然而，事實真是如此嗎？主觀認為，這是被扭曲的錯誤觀念，市值型 ETF（如：0050），在 2008 年金融海嘯前，是如一艘漂泊在茫茫大海中的小船，有時一陣大浪襲來，有時風平浪靜，平靜到讓你忘了大浪將無情隨時襲來！

投資人千萬不要認為長期定期定額投資市值型 ETF 最安穩。恰恰相反，歷史性的大空頭，短則一套套十年！目前市場遭逢通膨危機，美國聯準會持續暴力式的升息、縮表，在全球資金劇變的背景下，能不提防風險嗎？

回頭看看過往歷史性大空頭：

❶ 台灣經濟首波在 1990 年走向高峰，也推升台股攻上歷史高點 12,682 點，但在資金的劇變下，整整三十年回不去 12,682 點，走了三十年的產業結構再調整，及全球資金水庫大開的環境下，於是在 2020 年突破 12,682 點後，走向萬八行情。

❷ 日本日經 225 指數，從日本為世界第二大經濟體、資金最氾濫時期，1989 年日股創下 38,957 點，之後墜落進入失落十年、二十年及三十年的深淵。

❸ 標普 500 指數遇上系統性風險：

- 1973 年 1 月 2 日 119.87 點，空頭走了近七年時間，直到 1980 年 7 月 21 日才突破，收 120.78 點。
- 2000 年 3 月 20 日收 1,527.46，走空頭七年， 2007 年 5 月 28 日收 1,536 點。
- 2007 年 10 月 1 日收 1,557 點，走空五年，直到 2013 年 3 月 25 日才突破收 1,569 點。

投資人在定期定額買 ETF 時，要考慮到這筆投資，無論外在環境發生什麼變化，就算天崩地裂，都不會動用到這筆資金，甚至是在經濟危機時，更要加碼買進，如果能做到這一點，才適合定期定額投資，否則應該以更精準、更聰明的波段存股法投資，才不至於讓自己有半途而廢、前功盡棄之遺憾。

▷ 0050ETF 是平安符？

表 4-6

0050ETF 自 2003 至 2021 年單年度總報酬率

年度	進場日	投入金額（元）	年底結算日	市值（元）	單年總報酬率（%）
2003	2003.6.30	100 萬	2003.12.30	123 萬 8,371	23.84
2004	2003.12.30	100 萬	2004.12.31	105 萬 6,185	5.62
2005	2004.12.31	100 萬	2005.12.30	109 萬 8,236	9.82
2006	2005.12.30	100 萬	2006.12.29	120 萬 6,398	20.64
2007	2006.12.29	100 萬	2007.12.31	110 萬 6,960	10.70
2008	2007.12.31	100 萬	2008.12.31	56 萬 9,966	-43.00
2009	2008.12.31	100 萬	2009.12.31	174 萬 9,160	74.92
2010	2009.12.31	100 萬	2010.12.31	112 萬 9,760	12.98
2011	2010.12.31	100 萬	2011.12.30	84 萬 3,632	-15.64
2012	2011.12.30	100 萬	2012.12.28	111 萬 8,179	11.82
2013	2012.12.28	100 萬	2013.12.31	111 萬 6,885	11.69
2014	2013.12.31	100 萬	2014.12.31	116 萬 4,928	16.49
2015	2014.12.31	100 萬	2015.12.31	93 萬 7,616	-6.24
2016	2015.12.31	100 萬	2016.12.30	119 萬 6,116	19.61
2017	2016.12.30	100 萬	2017.12.29	118 萬 578	18.06
2018	2017.12.29	100 萬	2018.12.28	95 萬 470	-4.95
2019	2018.12.28	100 萬	2019.12.31	133 萬 4,323	33.43
2020	2019.12.31	100 萬	2020.12.31	131 萬 1,009	31.10
2021	2020.12.31	100 萬	2021.12.30	122 萬 454	22.05

表 4-6 的統計資料是市面上常看到的績效表，一目瞭然，0050ETF 從 2003 年成立，一直至 2021 年，期間共有十九年，每年以最後一個交易日投入資金做投資，隔一年整年報酬率，只有四年是負報酬，其餘十五年時間都是正報酬。

這樣的成績單看了當然心動，往往就會有心動不如行動的衝動，但是老生常談，從 2008 年金融海嘯後，市場走了近十四年大多頭，大多頭行情，當然報酬率都不錯。

但是若只看 2008 年是負報酬 43%，若計算金融海嘯 0050ETF 高低點，2007 年 10 月最高點 72.30 元，2008 年 11 月最低點 28.53 元，從高點至低點跌幅高達 60.53%。

投資人回想一下，當全球性金融危機爆發，除了投資大虧損外，社會上還瀰漫著極度悲觀氣氛，百業蕭條、無薪假、裁員、倒閉事件四起。當時你是否有心情與信念，及資金還有餘力持續做定期定額投資，甚至加碼投資？

還是大多數人都在崩盤一段時間後，開始對投資存疑，停扣定期定額；當社會氛圍在齊頭式減薪，只為公司生存下去時，甚至必須整日擔心工作不保，再加上股市因金融海嘯，市場從高點跌到最低點，積極型投資人可能會賠到懷疑人生，保守型投資人因為定期定額，資產可能縮水五成以上。這是不在相對低點開始存股的投資人，面對這些問題時衝擊將更大。

2008 年台股指數整整下跌一整年，投資人要仔細思考，你的工作、生活環境、投資情商等因素，能否讓你在極度悲觀的空頭市場下，不停加碼買到底部？

　　2008 年空頭市場結束後，隔年指數上演 V 型反轉，0050ETF 績效 74.92％，數字看起來很漂亮，但是前一年你的資產是賠了 43％，乍看之下，74.92％漲幅遠大於 43％的跌幅，投資人應該是大賺，但卻還是損失約 0.3％。簡單的思考一下，你有 100 萬元，賠錢賠到只剩下 57 萬元，之後漲了 74.92％，資產漲回到 99.7 萬。

　　這簡單的試算是要告訴投資人，財富腰斬代表本金也腰斬了，要再回到原本的財富，是需要兩倍的漲幅，兩倍漲幅在空頭市場，或許會有 V 型反轉，如 2020 年台股跌至 8,523 點展現 V 型反轉攻勢。但是前提是資金要一直拗在賠錢的投資商品中，沒認賠殺出之外，選擇的投資商品還要具備是未來有潛力的商品，才有迅速翻身的機會！

　　如果你不是這樣幸運的投資人，大空頭伴隨而來是景氣蕭條，投資市場要再漲回到讓你投資達到損益兩平點，往往是需要相當長的一段時間。

定期定額投資 0050ETF，遇到大空頭，資產變成負數

投資人最快樂的，一定就是賺到的錢能夠落袋為安，存股族最開心的是提升生活品質，也就是你在存股期間大部分的時間都賺錢，且最後還可以累積一筆財富。如果你選錯了存股的時機，很有可能因為存股讓你苦二十年或是三十年。

「帝王無情，君心難測。」股價就如同帝王，同樣的思維放在股市裡，可以這麼說：「股價無情，底部難測。」千萬別在股價大幅下跌時隨便抄底。

特別要留意，在無限往下攤平時，市場往往有一種聲音縈繞著，如同興奮劑，讓你產生幻想，認為定期定額買 ETF，二十年、三十年後將讓你財富自由。但是你要清楚了解，一次歷史性大空頭，可能讓你投資跌回成本，甚至負報酬，簡單的說就是「重新再開始」。二十年的等待性投資，值得嗎？

以定期定額報酬率做試算，標的是 0050ETF，開始扣款日是 0050ETF 上市日 2003 年 6 月 25 日，贖回日是 2022 年 4 月 1 日，每月都扣款，且扣款日為每月 1 日，每次扣款金額 5 千元，不考慮手續費，領到股利再投資。

表 4-7

2003 年至 2022 年 0050 ETF 定期定額試算

ETF 定期定額報酬率試算結果

投資標的	0050.TW
每月投資金額	5,000 台幣
投資時間	2003/07/01 – 2022/04/01
累積投資金額	1,130,000 台幣
股利金額	652,915 台幣
總持有股數	26,994.8979 股
手續費支出	0 台幣
總投資成本	1,130,000 台幣
資產終值	3,696,951 台幣
損益金額	2,566,951 台幣
總報酬率	227.16%
年化報酬率	6.52%

資料來源：**moneydj** 網站試算

圖 4-5 2003 年至 2022 年 0050ETF 定期定額投入趨勢

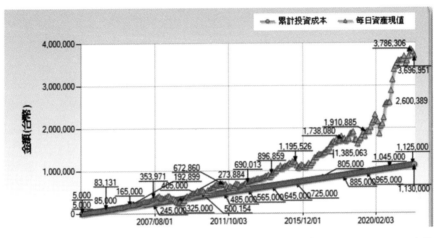

資料來源：**moneydj** 網站試算

　　試算結果顯示，投入成本 1,130,000 元，總贖回金額 3,696,951 元，總共獲利 2,566,951 元，總報酬率 227.16％，年化報酬率 6.52％。

　　這一切都看似很美好，但要特別要提醒投資人，0050ETF 報酬率急遽高漲，是因為這近三年間，美國聯準會釋出史上最多資金到市場，及台積電獲利大爆發，股價大漲，兩大上漲引擎，使得 0050ETF 報酬率如飆股一樣的大漲，這可視為異常值。投資人要有所認知，非理性的因素大漲，興奮劑帶你飛上天堂，盛宴結束後，平平安安才最重要。

同樣條件，如果試算期間改為 2003 年 6 月 25 日至 2008 年 12 月底止，結果就大不相同，總報酬率是虧損－ 24.11％，年化報酬率是虧損－ 4.88％，這當中一個很大投資警語是，在長期投資期間，一定會遇到空頭的洗禮，這將會讓你多年的投資報酬變為負數。

表 4-8

2003 年至 2008 年 0050ETF 定期定額試算

ETF 定期定額報酬率試算結果

投資標的	0050.TW
每月投資金額	5,000 台幣
投資時間	2003/07/01 – 2008/12/31
累積投資金額	330,000 台幣
股利金額	49,642 台幣
總持有股數	7,618.6526 股
手續費支出	0 台幣
總投資成本	330,000 台幣
資產終值	250,425 台幣
損益金額	-79,575 台幣
總報酬率	-24.11%
年化報酬率	-4.88%

資料來源：**moneydj** 網站試算

表 4-9	2003 年至 2008 年 0050ETF 定期定額投入趨勢

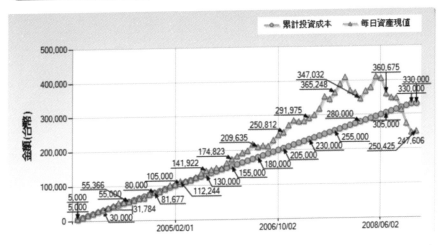

圖片來源：**moneydj** 網站試算

最熟悉的 0050ETF，走空盤跌、殖利率又低

　　台灣流行樂女歌手蕭亞軒於 1997 年演唱一首膾炙人口抒情歌〈最熟悉的陌生人〉，歌詞裡寫到：「為了寂寞，是否找個人填心中空白，我們變成了世上，最熟悉的陌生人」，歌聲餘音裊裊，至今仍給人留下難忘的回憶。把這首歌詞意境搬到投資心態上，你是否為了追求財富自由，深信殖利率累積複利效果，多年後能財務自由，但其實你和高殖利率卻演變成最熟悉的陌生人！

2022 年 3 月證交所公布最新投資人定期定額排行榜，定期定額前十大標的，再度由 0050 ETF 奪冠，號稱「國民 ETF」。

媒體形容，熟悉的最對味！面對台股震盪行情，定期定額投資 0050 ETF 持續獲得投資人認同。單月定期定額戶數新增 3.7 萬，不僅大幅超越第二名 0056 ETF 的 2.7 萬，也是第三名富邦台 50 ETF 的 1.6 萬的兩倍之多，也領先台積電、兆豐金等傳統存股標的。

0050 ETF 今年（2022 年）規模衝破 2,000 億元，受益人數突破 60 萬人，定期定額戶數 15 萬，三數據皆創新高，2022 年盤勢不佳，投資人還是「熟悉的 0050 ETF 最對味」。

但投資人是否有想過 0050 ETF 買在台股萬八、萬七時，將可能成為你最熟悉的陌生人？首先，就如同前面章節內容提到的，2022 年是美國聯準會大幅升息、縮表之時，以資金水位來說，大盤短期內要再回到歷史新高 18,619 點實屬不易。

18,619 點是在資金氾濫與台灣電子產業遭逢三十年一遇的大榮景下，推升許多重量級電子股股價創高。以目前的資金面及產業趨勢，短期間內，台股要再創新高恐怕不容易。

而若再考慮到 0050 ETF 歷年現金殖利率來看，除了 2006 年有 7.02%、2008 年 5.63% 之外，其他年度都介於 2% 至 4% 之間，以這樣的殖利率來說，並不算高，要以複利效果創造財富是無法達到效果。

有觀點認為 0050ETF 是要賺資本利得（股價），不是看殖利率。沒錯！既然 0050ETF 要賺資本利得、也就是賺股價價差，為何不在萬八、萬七的時候先賣一趟或是部分獲利了結，為何要在萬八往下跌時定期定額 0050ETF？

因為投資人從來沒有學過本書所提到「波段存定存股」的概念，「波段存定存股」意指看好大盤、個股或是 ETF 趨勢向上時，以定期定額買進股票的方式存股，在相對高點時賣出，也就是不是以時間複利創造財富為目的，而是要以賺取資本利得為主（賺價差），配息為輔的存股策略。

有些論點稱 0050ETF 跌下來後，還有殖利率作保護，但是重點是 0050ETF 殖利率不夠高。所以本書認為在資金劇變的時代，波段存股相對定期定額，能更快速累積財富。

以 0050ETF 這類市值型 ETF 來說，殖利率相對低，且波動幅度大，若利用定期定額方式進入，在不同的時間點及淨值高低位置，年化報酬率會落差很大。當淨值在相對低檔時，定期定額買進市值型 ETF 相對比較有利。

▷▷ ETF 被動換股，盲點必選賠錢股

0050ETF 每年 3、6、9、12 月第一個星期五收盤後公布季度調整，並在公布當月後的第三個星期五盤後生效。

0056ETF 每半年調整一次成分股，6 月及 12 月第三個星期五後的下一個交易日生效，調整數目以納入 5 檔、刪除 5 檔為上限。

特別的是，若有成分股自台灣 50 指數或台灣中型 100 指數中，季度調整時刪除，該成分股亦將同步自台灣高股息指數中刪除。

股票投資市場如戰場，如果買賣規則定出來，就容易被市場法人、主力吃豆腐。2022 年 6 月 3 日，台灣證券交易所公布與富時國際公司合編台灣 50 指數成分股納入力積電，刪除富邦媒。

圖 4-6　富邦媒（8454）走勢

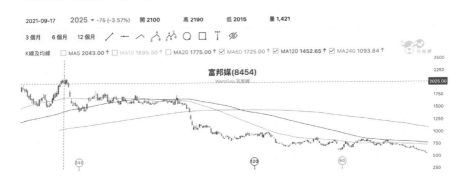

圖片來源：玩股網

2021 年 9 月 3 日，富時指數公司公布台灣指數系列成分股調整，台灣 50 指數（0050）新增富邦媒（8454），9 月 3 日這天富邦媒股價 1,580 元，到 9 月 17 日盤後，0050ETF 正式買進富邦媒，這天是富邦媒創歷史天價 2,190 元，從此富邦媒股價再也沒觸碰到 2,190 元。

之後股價一路跌到 2022 年 6 月 3 日公告台灣 50 指數成分股將刪除富邦媒，6 月 2 日富邦媒收盤價只剩下 769 元，整整慘跌 1,421 元，這是標準 ETF 換股作業，往往都選入賠錢股。

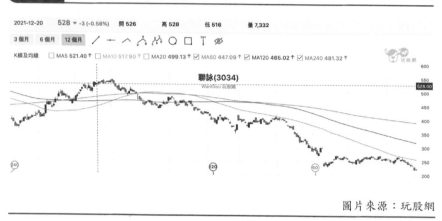

圖 4-7　聯詠（3034）走勢

| 2021-12-20 | 528 ▼ -3 (-0.56%) | 開 526 | 高 528 | 低 516 | 量 7,332 |

3個月　6個月　12個月

K線及均線　☐ MA5 521.40↑　☐ MA10 517.90↑　☐ MA20 499.13↑　☑ MA60 447.09↑　☑ MA120 465.02↑　☑ MA240 481.32↑

聯詠（3034）

圖片來源：玩股網

　　0056ETF 每半年調整一次成分股，6 月及 12 月第三個星期五後的下一個交易日生效，2021 年 12 月 3 日，證交所和富時指數公司合編的台灣指數系列成分股調整公布，其中，台灣高股息指數新增聯詠、中鋼、聯強、裕民及中鴻。

　　這次新增的成分股，爭議最大的就屬聯詠（3034），當時生效日在 2021 年 12 月 20 日，聯詠收盤價 528 元，此後也展開股價大跌走勢。

　　聯詠股價在 2022 年 9 月 27 日創 223.50 元新低，想當然而，此筆交易對持有 0056ETF 的投資人來說，相當不划算。並且新增的成分股，中鋼、聯強、裕民及中鴻都屬於景氣循環股，納入 0056ETF 時點，不巧恰逢產業景氣循環的反轉點，股價也就一路直直落了。

Part **4**

▷ ETF 押在台灣隊長台積電＝投資安全？

2011 年上映的《美國隊長》，是漫威系列中的超級英雄，每每在驚險中打敗敵人，再度拯救地球。電影造就美國隊長，相關的周邊商品也熱賣，甚至在 2019 年香港反送中抗議中，街頭上也出現美國隊長盾牌，可見領袖魅力深植電影迷的心中。

從投資角度上思考，台積電就是台灣隊長，不過投資人要思考的是，台灣隊長台積電能風光的帶領你投資的 ETF 的績效往上飛嗎？台灣隊長台積電股價受到相當多層面因素的干擾，如地緣政治，美國十年期公債殖利率上下變動等因素，投資人買的 ETF 是為了要安全，但是 ETF 權重壓在台灣隊長台積電身上時，投資安全是否起伏波動也同樣很大。

將 0050ETF 走勢圖跟台積電比較，明顯看出 0050ETF 是跟著台積電走，近一半風險在台積電，投資人不如求更高報酬買台積電？

圖 4-8　台灣 50 與台積電

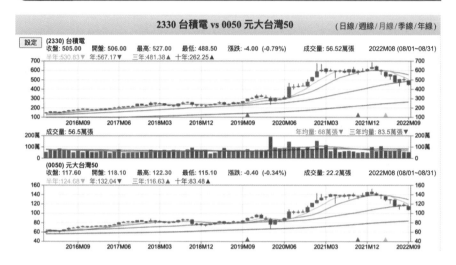

圖片來源：goodinfo 網站

▷ ETF 進入空頭循環沒配息

2022 年台股持續下跌，尤其以電子股跌幅更是深，追蹤連結電子股的相關 ETF，股價跌幅兩成以上的比比皆是，在股價下跌階段，曾經有新聞寫：「半導體 ETF 買氣旺，定期定額＋季息再滾入可雙頭賺」，但這則新聞刊出後沒多久，傳出標榜季配的中信關鍵半導體 ETF（00891）及中信小資高價 ETF（00894），因爲淨值跌太多了，所以公告當季不配息。

中信投信指出，ETF 投資境內所得的現金股利，扣除相關費用成本後，基於實務考量不分配收益；公開說明書裡提到，「每受益權單位之淨資產價值減去當次每受益權單位可分配收益之餘額，不得低於本基金信託契約所列本基金每受益權單位之發行價格。」

根據集保結算所資料，統計 2022 年至 4 月 29 日以來，有 11 檔 ETF 受益人數增加超過 1 萬人，而中信關鍵半導體排名第六，受益人是增加 64,250 人，也就是說，六萬人在撈底、往下承接，但可能沒想到，一個熊市可能出現，電子景氣也出現消費性產品需求衰退，再加上民眾的消費能力受到通膨影響，消費力減弱，也大大影響ＥＴＦ 配息能力。

產業風向球的轉變，讓你投資的 ETF 不只是淨值大跌，也有可能不配息！配息是。羊毛出現在羊身上，你拿到的現金，是賠（跌）

到股價，簡單的說，配息只是「左手換右手」，創造投資人領到股息賺到錢的錯覺。若是選擇景氣波動大、追蹤電子標的的 ETF，在股價大跌時更可能沒配息，或是低配息，投資人需特別留意這樣的商品適不適合你投資。

台灣隊長台積電避險功能盡失，淪為外資提款機

台灣股市是以上市股票的市值當作權數來計算股價指數，這種加權股價指數的特色，是股本較大的股票，對指數的影響會大於股本小的股票，市值愈高、權重就愈高。因此，0050ETF 成分股，只要有公司市值大增，並且超越原來前 50 檔股票時，就會定期入選為成分股。

投資人大量持股的元大台灣 50（0050）ETF，是納入台灣市值排名前 50 大的企業，前五大的持股是台積電（46.11 %）、鴻海（5.29%）、聯發科（3.62%）、台達電（2.43%）、中華電（1.89%）。

台積電一家公司就占 0050ETF 近一半權重，投資人買 0050ETF，等於一半資金買台積電，投資 ETF 原本是為了分散風險，但如今投資 0050ETF 卻像單壓一家公司的未來。

投資人要思考，原以為安全、波動低的 0050ETF，卻因為台積電權重近 50%，不但資金避風港優勢不見，反而被動、被迫跟著台積電股價波動，避險成分似乎不恰當。

主題型 ETF 的選擇迷思

▷ 高股息 ETF 的隱藏風險

高股息 ETF 中，以 0056 為股東人數最多，讓我們先看看其中的配股。

0056ETF 成分股是由台灣 50 指數及台灣中型 100 指數成分股中，挑選未來一年預測現金股利殖利率最高的三十檔股票作為成分股，但這當中隱含著風險，是來自今年是資金劇變時代，首先全球資金大縮水情況下，三十檔成分股股價會不受影響？

2022 年在庫存過高、通膨及持續升息，將是產業反轉的一年，在經歷兩年多的新冠肺炎疫情，全球人口停止移動、封城等諸多因素造成的超反常供需失衡，企業在這兩年間，因消費者超前消費，獲利大成長，大部分個股的股價也隨著全球股市大多頭走高，ETF 的淨值也大漲。但是即將迎來是後疫情時代的來臨，許多產業勢必迎來供給大於需求、庫存過高、營收獲利走低，這時首先面臨的是股價的回檔。

表 4-10

0056ETF 權重前十大股票

商品名稱	權重	商品名稱	權重
長榮	7.50%	台泥	3.89%
中鋼	5.10%	廣達	3.82%
亞泥	5.03%	友達	3.80%
聯強	4.98%	和碩	3.69%
光寶科	4.22%	大聯大	3.67%
華碩	4.21%	兆豐金	3.57%
仁寶	4.05%	群創	3.48%
聯詠	3.90%		

資料截取至 2022 年 4 月，元大投信官網

這點在 2021 年底、2022 年初已經發生在面板、筆電產業及航運股，股價大跌，除了股價下跌影響 ETF 淨值外，勢必影響到 2023、2024 年的配息。有些投資人有這樣的思維，認為基金公司屆時會換股操作，試問除息是除自己的錢，如果產業景氣走下坡，股價沒填息，換股也是投資人的損失！

2022 年資金劇變的年代，投資人更要提防產業走入長期空頭循環。過去的台泥、亞泥配息很穩定，投資人是否想過之前中國的四萬億投資計畫，大開水泥產能，造成供過於求的情況。2022 年第二季，台泥受煤價高漲，侵蝕獲利影響，稅後淨利 2.04 億元，季減 83%、年減 97%；上半年稅後淨利 14.08 億元，較去年同期減少 87%，每股稅後盈餘 0.16 元創新低，升息利率走高，資金收縮衝擊房地產產業，也讓水泥產業走下坡。另外，台塑四寶近年配息穩定，但國際原油也曾爆跌到每桶－ 37.63 美元！

景氣循環股因為外在環境變動大， 2022 年更是資金劇變、產業景氣反轉的一年！存股賺股息，最安全的仍然是台灣的金融股。

▷▷ 高點不賣到頭一場空

　　近期台股震盪劇烈，媒體報導半導體ETF的投資人是愈跌愈勇！

　　根據台灣集中保管結算所統計，國內三檔半導體 ETF 的總受益人數從 2022 年以來買氣大增，包括：新光台灣半導體 30 ETF（00904）、中信關鍵半導體 ETF（00891）、富邦台灣半導體 ETF（00892），三檔半導體 ETF 至 2022 年 4 月 15 日 已突破 25.5 萬人大關，明顯較去年底的 15.2 萬人，新增約 10.3 萬人，成長率達 67.76%。以投資人心態或許認為這些主題型 ETF 是愈跌愈便宜，愈跌殖利率愈高，套牢了就往下攤平。

　　從殖利率角度來看，主題型 ETF，如半導體、5G、電動車等，淨值愈低時，殖利率就愈高，但就是因為產業拐點出現，景氣發生變化，才讓追求高成長的主題型 ETF 淨值不斷往下跌。

　　投資人應思考，當主題型 ETF 殖利率拐點出現，由低點逐漸轉高時，是否該產業景氣也出現反轉？2022 年股市從 18,619 歷史高點下跌，很多公司股價可說摔落神壇，這當中也有很多績優股，獲利也都很好，但是股價卻直直下跌達五成以上，歸咎根本原因，股市只有「資金行情」，沒有「景氣行情」。

一些熱門的 5G、半導體、電動車 ETF，在多頭時候，上漲幅度小於個股，空頭下跌時，報酬率又是為負，也就是下跌時，往往讓投資人賠錢，這是投資人不可不注意的。

以下選擇 2021 年規模有 100 億台幣以上，且散戶數十萬人以上ETF，以定期定額的投資方式，試算到 2022 年 5 月止的績效。

表 4-11

國泰台灣 5G ＋（00881）

年度	年度投入	年度獲利	年報酬％	累積投入	累積獲利	累積報酬％	年化報酬％
2020	0	0	－	0	0	NaN	NaN
2021	36,000	3,797	10.55	36,000	3,797	10.55	10.55
2022	15,000	-6,590	-43.94	51,000	－ 2,793	－ 5.48	－ 1.64

2021 年起，每月 5 日扣款，每月投資 3000 元，計算至 2022 年 5 月。
資料來源：http：//money-link.com.tw/etf/Details.html?id ＝ 00881

表 4-11 國泰台灣 5G ＋（00881）ETF，在 2021 年多頭時，年報酬率 10.55％，如果你當時挑對 5G 概念股，年報酬率是大幅高於10.55％。

但到 2022 年到 5 月止，年報酬率卻是大幅度虧損－ 43.94％，累積年報酬率變成負數。

國泰永續高股息（00878）

年度	年度投入	年度獲利	年報酬%	累積投入	累積獲利	累積報酬%	年化報酬%
2020	15,000	1,162	7.75	15,000	1,162	7.75	7.75
2021	36,000	7,694	21.37	51,000	8,856	17.37	11.97
2022	15,000	－ 4,298	－ 28.66	66,000	4,558	6.91	1.53

2020 年 7 月 ETF 發行起，每月 25 日扣款，每月投資 3000 元，計算至 2022 年 5 月。
資料來源：http：//money-link.com.tw/etf/Details.html?id ＝ 00878

國泰永續高股息（00878）ETF，經過 2022 年一連串的下跌後，累積年化報酬率從 2021 年 11.97％大幅度下降至 1.53％。

國泰智能電動車（00893）

年度	年度投入	年度獲利	年報酬%	累積投入	累積獲利	累積報酬%	年化報酬%
2021	18,000	1,173	6.51	18,000	1,173	6.51	6.51
2022	15,000	－ 5,193	－ 34.62	33,000	－ 4,020	－ 12.18	－ 5.73

2021 年 7 月 ETF 發行起，每月 25 日扣款，每月投資 3000 元，計算至 2022 年 5 月。
資料來源：http：//money-link.com.tw/etf/Details.html?id ＝ 00893

國泰智能電動車（00893）ETF，在多頭年 2021 年掛牌，該年累積年報酬率 6.51%，但如果你是挑對電動車概念股中的個股，報酬率有機會來到 40%至 50%，至 2022 年的 5 月底止，累積年化報酬轉為虧損－ 5.73%。

表 4-13

中信關鍵半導體（00891）

年度	年度投入	年度獲利	年報酬%	累積投入	累積獲利	累積報酬%	年化報酬%
2021	21,000	2,671	12.72	21,000	2,671	12.72	12.72
2022	15,000	－ 6,161	－ 41.07	36,000	3,490	－ 9.70	－ 4.16

2020 年 **6** 月起，每月 **5** 日扣款，每月投資 **3000** 元；計算至 **2022** 年 **5** 月。
資料來源：**http：//money-link.com.tw/etf/Details.html?id ＝ 00891**

中信關鍵半導體 ETF（00891），2021 年 5 月 28 日上市，2021 累積年化報酬率 12.72%，但同樣的，如果計算至 2022 年 5 月的累積年化報酬率，卻轉正為負，虧損－ 4.16%。所以主題型 ETF，甚至是所有 ETF，極可能在一次系統性風險的經濟危機，讓你的投資一夕歸零，甚至是變為負報酬率。而 ETF 因為是一籃子投資，甚至會在指數反轉向上時，績效卻落後大盤甚多。

這些主題式 ETF 往往在該產業最繁榮或人氣最旺的時期發行，

也是股價相對在高點時發行，當然投資人往往都買在高點，這時若投資這些主題式的 ETF，相信投資人心裡不會好受。

▷▷ 元宇宙能幫你追得到更高利潤？

2021 年第四季，全球突然颳起元宇宙旋風，一夕間「元宇宙」成為各大社群及媒體的討論話題，相關概念股股價都出現大漲。

「元宇宙」的概念和趨勢，以較長遠的大方向上來看是確定的，問題是元宇宙還沒有很清楚的定義，細看 ETF 成分股其實仍是以大型科技股為主，與現在追蹤科技標的的 ETF，持股差距不大，這類未來趨勢的產業，選股區隔性不高，適合投資人去追逐嗎？

高科技等同高風險，最著名事件就是 2000 年網際網路泡沫。

1993 年網際網路時代開啟，1998 至 1999 年的低利率推升市場資金追逐高科技股，在 2000 年 3 月，以科技股為主的 NASDAQ（那斯達克綜合指數）攀升到 5,048 點，網路經濟泡沫達到最高點。

1999 至 2000 年，美國聯準會將利率提高 6 次，導致市場開始走跌，網路經濟泡沫在 2000 年 3 月 10 日開始破裂，2002 年 9 月 NASDAQ 跌到 1,199 點。所以一味追求高科技、高成長的科技股，需要留意聯準會的緊縮貨幣政策所帶來的景氣衰退風險。

富邦元宇宙 ETF（00903）

所追蹤的指數為「Solactive 元宇宙指數」，計價幣別為「新台幣」，成分股數固定為 30 檔，在市值要求上，新成分股市值必須大於 1 億美元，若是既有成分股市值則必須大於 8,000 萬美元，主要成分股以 META（為臉書更名）、半導體類的輝達（NVIDIA）、消費電子蘋果（APPLE）、軟體大廠微軟（MICROSOFT）、谷歌子公司字母（ALPHABET）。

表 4-15

富邦元宇宙 ETF（00903）持股明細

個股名稱	投資比例（%）	持有股數
META PLATFORMS INC	9.32	72,747.00
UNITY SOFTWARE INC	7.54	131,947.00
NVIDIA CORP	7.22	45,899.00
SNAP INC	6.71	323,673.00
ROBLOX CORP	6.46	242,633.00
Apple Inc	6.44	64,057.00
VUZIX CORP	5.43	1,427,004.00
Microsoft Corp	4.42	24,863.00
WIMI HOLOGRAM CLOUD INC	4.25	2,762,747.00
Alphabet Inc-CL A	4.09	2,552.00

資料來源：moneydj

大華銀元宇宙科技與服務 ETF（00906）

追蹤指數為「Solactive 元宇宙科技與服務指數」，強調納入遊戲業。

前十大成分股包括：網飛（6.45%）、亞馬遜（5.76%）、動視暴雪（5.24%）、蘋果（5.24%）、網易（5.15%）、奧多比系統（Adobe）（4.96%）、微軟（4.96%）、Alphabet（4.87%）、Sony（4.77%）和騰訊（4.75%）。

表 4-16

大華銀元宇宙科技與服務 ETF（00906）持股明細

持股明細 資料日期：2022/08/31		
個股名稱	投資比例（%）	持有股數
網飛公司	6.45	582.00
亞馬遜公司	5.76	917.00
動視暴雪公司	5.24	1,348.00
蘋果公司	5.24	672.00
網易	5.15	1,174.00
奧多比系統公司	4.96	268.00
微軟公司	4.96	383.00
Alphabet 公司	4.87	908.00
索尼	4.77	1,200.00
騰訊控股	4.75	2,300.00

資料來源：**moneydj**

▷▷ 趨勢股能加快你的財富自由速度？

電動車將成為未來移動交通主流趨勢明確，除了上中下游產業鏈的投資機會吸金，結合科技的自動駕駛技術，更是未來電動自駕車大勝傳統油車的一大優勢與亮點，所衍伸出的應用商機龐大。

四檔在台股掛牌的電動車 ETF，包括：國泰智能電動車 ETF（00893）、富邦未來車 ETF（00895）、中信綠能及電動車 ETF（00896）、永豐智能車供應鏈 ETF（00901）。

國泰智能電動車 ETF（00893）追蹤的是「ICE FactSet 全球智能電動車指數」，成立至今報酬率、主要成分股如下表。

表 4-17

國泰智能電動車 ETF（00893）報酬率

國泰全球智能電動車 ETF 基金（00893.TW）									
項目 (單位%)	一日	一週	一個月	三個月	六個月	一年	三年	五年	十年	成立日
市價 (04/12)	-1.64	-9.10	5.27	-16.32	-6.25	N/A	N/A	N/A	N/A	-8.49
淨值 (04/11)	-3.03	-9.29	6.83	-16.10	-6.59	N/A	N/A	N/A	N/A	-8.27

資料來源：**moneydj**

表 4-18

國泰智能電動車 ETF（00893）主要成分股

持股明細　資料日期：2022/03/31

個股名稱	投資比例（%）	持有股數
TESLA,INC	19.76	195,582.00
NVIDIA CORPORATION	19.29	754,190.00
ABB Rg	6.32	2,064,317.00
NXP SEMICONDUCTORS	5.34	307,658.00
Infineon Technolo N	4.84	1,504,225.00
APTIV PLC	3.51	312,593.00
STMicroelectronics N.V.	3.16	762,779.00
NIO INC ADS	3.13	1,583,604.00
Samsung SDI Co	2.90	62,881.00
Albemarle Corp	2.81	135,674.00

資料來源：moneydj

富邦未來車 ETF（00895）追蹤「MSCI ACWI IMI 精選未來車 30 指數」，成立至今報酬率、主要成分股如下表。

表 4-19

富邦未來車 ETF（00895）報酬率

富邦未來車 ETF 基金（00895.TW）										
項目 （單位%）	一日	一週	一個月	三個月	六個月	一年	三年	五年	十年	成立日
市價 （09/27）	0.23	-7.42	-10.99	-2.20	-21.96	-21.34	N/A	N/A	N/A	-10.70
淨值 （09/26）	-1.19	-7.65	-8.67	-2.57	-22.49	-12.89	N/A	N/A	N/A	-11.53

資料來源：**moneydj**

表 4-20

富邦未來車 ETF（00895）主要成分股

持股明細 資料日期：2022/03/31		
個股名稱	投資比例（%）	持有股數
TESLA,INC	19.76	195,582.00
NVIDIA CORPORATION	19.29	754,190.00
ABB Rg	6.32	2,064,317.00
NXP SEMICONDUCTORS	5.34	307,658.00
Infineon Technolo N	4.84	1,504,225.00
APTIV PLC	3.51	312,593.00
STMicroelectronics N.V.	3.16	762,779.00
NIO INC ADS	3.13	1,583,604.00
Samsung SDI Co	2.90	62,881.00
Albemarle Corp	2.81	135,674.00

資料來源：**moneydj**

永豐台灣智能車供應鏈 ETF（00901）追蹤「特選台灣智能車供應鏈聯盟指數」，成立至今報酬率、主要成分股如下表。

表 4-21

永豐台灣智能車供應鏈 ETF（00901）報酬

永豐台灣智能車供應鏈 ETF 基金（00901.TW）										
項目 （單位%）	一日	一週	一個月	三個月	六個月	一年	三年	五年	十年	成立日
市價 （04/12）	-0.07	-5.17	-4.57	-12.78	N/A	N/A	N/A	N/A	N/A	-9.22
淨值 （04/12）	-0.30	-5.72	-5.19	-13.17	N/A	N/A	N/A	N/A	N/A	-9.93

資料來源：moneydj

表 4-22

永豐台灣智能車供應鏈 ETF（00901）主要成分股

持股明細　資料日期：2022/03/31		
個股名稱	投資比例（%）	持有股數
台積電	23.35	1,435,763.00
鴻海	8.30	2,647,523.00
聯發科	7.74	289,148.00
中鋼	6.99	6,064,063.00
台達電	6.23	784,808.00
聯電	3.51	2,200,158.00
欣興	3.25	441,019.00
華碩	2.11	191,016.00
廣達	2.03	777,894.00
元太	1.85	339,670.00

資料來源：moneydj

中信綠能及電動車 ETF（00896）追蹤「特選台灣綠能及電動車指數」，成立至今報酬率、主要成分股如下表。

表 4-23

中信綠能及電動車 ETF（00896）報酬率

中國信託台灣綠能及電動車 ETF 基金（00896.TW）										
項目 （單位%）	一日	一週	一個月	三個月	六個月	一年	三年	五年	十年	成立日
市價 （04/12）	-0.14	-3.65	-2.83	-7.79	-0.18	N/A	N/A	N/A	N/A	-4.83
淨值 （04/12）	-0.35	-4.32	-3.57	-8.59	-0.39	N/A	N/A	N/A	N/A	-5.30

資料來源：**moneydj**

表 4-24

中信綠能及電動車 ETF（00896）主要成分股

持股明細　資料日期：2022/03/31		
個股名稱	投資比例（%）	持有股數
台積電	10.81	1,012,000.00
鴻海	6.84	3,609,000.00
台塑	4.29	2,250,000.00
台達電	4.27	889,000.00
中鋼	4.09	5,870,000.00
南亞	3.91	2,347,000.00
中租 -KY	3.36	740,000.00
聯發科	3.32	205,000.00
華碩	3.21	480,000.00
台泥	3.05	3,413,000.00

資料來源：**moneydj**

從上述圖表可知，國泰智能電動車 ETF（00893）、富邦未來車 ETF（00895），是追蹤全球型電動車為主，涵蓋國際電動車相關品牌與供應鏈，這兩檔前 2 大持股都是特斯拉（Tesla）和輝達（NVIDIA）。不過富邦未來車（00895）ETF 持股輝達（NVIDIA）、英飛凌（Infineon）、恩智浦（NXP）等半導體大廠占比合計超過三成，三星及寧德時代等電池系統與充電相關產業也有兩成。

國內的中信綠能及電動車（00896）ETF 與永豐台灣智能車供應鏈（00901）ETF，聚焦台股上市櫃電動車供應鏈。但報酬率明顯的跟著電子股波動走，且是大型權值股持股比率高。

這樣呈現一大重點是，電動車概念股有輪漲的題材時，電動車相關 ETF 卻沒有完全跟著漲，原因在電動車相關 ETF 是以相對保守觀念，以投資中大型電子股所組成的，盤面上若關注焦點在電動車個股上，往往投資電動車相關 ETF 報酬率將落後中小型電動車個股一大截。

台股有個特徵是：「籌碼面主導上漲力道」，觀察電動車產業這波上漲，大約是 2020 年 11 月由鴻海集團 MIH 概念帶動，一開始以組裝題材為主，相關類股由鴻海、廣宇、乙盛 -KY 等帶動。2021 年晶片價格大漲，車用概念股由功率半導體、導線架等公司領漲，2021 年末，相關題材轉入電池概念股。

這些公司大部分都不會被納入電動車相關 ETF 的成分股，但一

項趨勢產業開始發動，主升段通常是漲在題材面或是消息面，等到獲利面出現了，已是一個大波段的第一波行情結束，若投資這類電動車相關 ETF，仍能獲利大賺嗎？值得思考。

▷▷ 金融股 ETF，我全都要？

「我全都要」其實是出自大家非常耳熟能詳的周星馳電影《九品芝麻官》中，裡面其中一句台詞的衍生，天下第一神捕豹頭的經典台詞。在網路上不斷地衍生運用，就成了有趣的流行用語，甚至也被使用在 ETF 投資上。但投資人要明白一點，投資如戰場，就是要做選擇才會贏！投資要有取捨，「全都要」並不適合在投資策略上。

2022 年至 4 月底止，ETF 獲利亮眼的，就屬成分股有納金融股的 ETF，目前主要有五檔 ETF，唯一一檔純金融股 ETF 是元大 MSCI 金融（0055）ETF，其他是成分股裡，金融股與各產業的組合，相關 ETF 有：

- 國泰股利精選 30ETF（00701）──成分股超過八成來自金融、電子，金融保險占比 44.98％，電子占比 40.25％，特別之處在台積電占比 17.39％。

- FH 富時高息低波 ETF（00731）──以金融、電子以及傳產為核心配置，金融保險占比 41％，電子占比 32.16％，前 15

大持股有七檔金融股，另外還有中華電信、台灣大哥大、統一、台泥、華碩、廣達等，投資主要涵蓋不同領域的高股息低波動股票。

- 元大台灣高息低波（00713）ETF ──前十大持股為富邦金11.58%、中信金10.89%、國泰金、10.19%、兆豐金9.33%、玉山金7.94%、中租-KY6.62%、第一金5.90%、開發金5.90%、合庫金5.12%、元大金5.12%（資料統計至4月底）。

元大MSCI金融ETF（0055），是純金融組合ETF，這種我全都要的投資組合，是好學生、壞學生的成績單綁在一起，以2022年來說，美國聯準會開啟強烈鷹派升息的作風，對於放款金額占比大的金融股來說，獲利將隨著升息走高，而壽險占比高的金融股必定獲利受到影響，此時，金融股投資應該是像本書寫的以放款業務高的個股為主。

表 4-25 純金融股 ETF 殖利率不高					
商品	2021	2020	2019	2018	2017
元大 MSCI 金融（0055）	3.48%	3.68%	3.88%	3.75%	3.32%

資料來源：自行製作

▶▶ 槓桿型、反向 ETF，「賭」不得

2022 年台股從歷史新高的 18,619 點，一路跌破萬四（至 9 月 27 日），根據媒體報導，台股的反向 ETF 受投資人追捧，成交量相當高，以 5 月 6 日新聞報導，元大台灣 50 反 1 以 18.1 萬張的成交張數遙遙領先，再來是元大滬深 300 正 2 的 12.8 萬張、國泰永續高股息是 9.3 萬張、期元大 S&P 原油反 1 是 4.4 萬張、富邦 NASDAQ 反 1 是 3.1 萬張。

或許大家都認為股市走空就操作反向 ETF 賺錢，但是作多又作空，你真能抓的到趨勢嗎？尤其是操作槓桿型、反向商品，賺到錢你可能是手氣旺！虧損時，你可能會愈拗愈大，因為槓桿特性會驅使你「想拚」一次賺回來！

2022 年 5 月有另一則新聞，報導三商美邦人壽買「元大台灣 50 反一」大虧，又踩到俄羅斯債券地雷，本書以買「元大台灣 50 反一」做主要的介紹。

壽險業因 2021 年股市大漲，獲利創下史上最旺的一年，全年稅前盈餘 3,885 億元，年增率達 88.5%。但三商美邦人壽獲利卻僅 10.9 億元，年衰退 24.6%，2022 年第一季甚至出現虧損，主因就在三商美邦投資部門，2020 年疫情爆發時，看壞台股後勢，進場大買反向的 ETF ——元大台灣 50 反一。

想不到台股從 1 萬 4 千點漲到 1 萬 8 千多點，三商美邦人壽因此在同業大賺下，反而被軋空 4 千點。

根據媒體報導，公開資訊觀測站的資料，三商美邦人壽在 2020 年底時持有元大台灣 50 反一高達 190 億元，每股持有成本為 10.11 元，持有張數為 188 萬張。

2021 年底，三商美邦持有元大台灣 50 反一的張數降到 139 萬張，持有金額仍多達 141 億元，2022 年第一季，元大台灣 50 反一的股價最低僅有 5.01 元，3 月底收盤價也僅剩 5.21 元，相較於取得成本，三商美邦持有的元大台灣 50 反一幾乎對半腰斬。

即使是專業投資機構、壽險單位，培養出擅長槓桿交易的交易員，都會在反向型 ETF 大賠，一般投資人能在槓桿型投資商品獲利嗎？

而 2020 年油價在 4 月 20 日爆出了「黑天鵝」式災難，紐約原油期貨（WTI）價格竟出現負數，以每桶「－ 37.63 美元」作收，讓當紅的元大 S&P 原油正 2ETF 淨值暴跌，宣布下市，數萬名受益人曾經上街求金管會介入，最終只能認賠作收。

這場投資人錯在操作「風險性高槓桿商品」，又「賭」性堅強，因當時市場瘋傳，「油價已經低到隨時會反彈」，加上媒體大量的報導，讓相當多已進場或未進場的投資人，陷入愈跌愈用力買的情境，結果，賭方向的結果是慘賠。

在此要呼籲投資人，槓桿型商品、反向商品，就算是 ETF，並不適合用「賭賭看」的心態投資，更不適合長期投資。

小百科

槓桿型 ETF 為每日追蹤標的指數收益正向倍數的 ETF，舉例來說，如槓桿倍數為兩倍時，標的指數上漲 1%，2 倍槓桿型 ETF 追蹤上漲 2%；標的指數下跌 1%，兩倍 槓桿型 ETF 也追蹤下跌 2%。（資料來源：證交所）

元大 50 反一──反向操作台股的商品，當台灣 50 漲，台灣 50 反一就會跌。但是比起 0050，反一的手續費多出一倍，每個月還有合約到期的轉倉費，持有成本相對較高。由於元大台灣 50 反一透過放空台指期貨商品進行操作，盡可能反向追蹤 0050 的報酬，沒有買進個股，也不會有股息，純粹是賺差價。

波段存股法搭配利率法則

在 2006 年股市大多頭還沒噴出之前，一般投資人的報酬率只是小幅獲利，遇到歷史性大多頭，才使得財富急速大增，所以在大多頭相對高點時，是否該以波段存 ETF 方式下車，獲利了結呢？

表 4-26，0050ETF 開始扣款日是 0050 ETF 上市日 2003 年 6 月 25 日，每月 1 日扣款，每次扣款金額 5 千元，手續費不扣款，領到股利再投資，扣款至 2008 年 12 月底止，可以明顯地看出，沒獲利了解，到頭來績效成負數。

表 4-26

2003 至 2008 年 0050ETF 試算表

	2003 年 12 月 31 日	2004 年 12 月 31 日	2005 年 12 月 31 日	2006 年 12 月 31 日	2007 年 12 月 31 日	2008 年 12 月 31 日
總投資金額	30,000 元	90,000 元	150,000 元	210,000 元	270,000 元	330,000 元
總資產	31,591 元	96,348 元	172,175 元	277,109 元	367,545 元	250,425 元
損益金額	1,591 元	6,348 元	22,175 元	67,109 元	97,545 元	－ 79,575 元
總報酬率	5.30%	7.05%	14.78%	31.96%	36.13%	－ 24.11%
年化報酬率	10.79%	4.63%	5.66%	8.24%	7.08%	－ 4.88%

資料來源：**moneydj** 網站

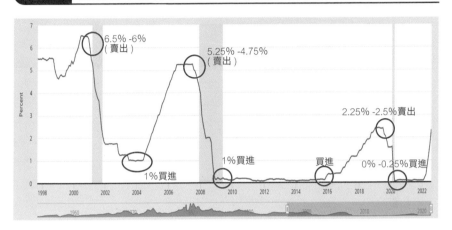

圖片來源：https：//fred.stlouisfed.org/series/FEDFUNDS

　　圖4-9，美國聯邦基金利率在 2000 年網路泡沫之後，開始降息循環，降息循環至 2002 年停止，隔年 2003 年 6 月，0050ETF 推出，這時候在利率降到最低，也就是進場存 0050 ETF 的時機點，跟隨美國聯邦基金利率存股方法，降息循環降至相對低點時，開始存股，直到 2007 年，存到再次升息後的首次降息（2007 年 8 月）賣出，以此作波段操作。

表 4-27

2003 至 2007 年波段存股 0050 ETF 試算結果

ETF 定期定額報酬率試算結果

投資標的	0050.TW
每月投資金額	5,000 台幣
投資時間	2003/07/01 – 2007/08/31
累積投資金額	250,000 台幣
股利金額	21,841 台幣
總持有股數	5,474.8935 股
手續費支出	0 台幣
總投資成本	250,000 台幣
資產終值	359,153 台幣
損益金額	109,153 台幣
總報酬率	43.66%
年化報酬率	9.07%

資料來源：**moneydj** 網站試算

　　若從 2003 年 7 月 1 日開始波段存股，2007 年 8 月全數出脫，總計總報酬率 43.66％，年化報酬率 9.07％，波段存股可謂大獲全勝。最重要的是，台股在 2007 年 10 月 29 日創下 9,822 點後，開啟世紀金融大海嘯。投資人若把美國聯準會升息循環開啟後的首次降息，設定為波段存股賣出點，就可避開空頭走勢。

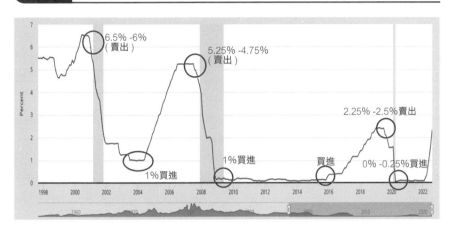

圖 4-10　跟著聯準會利率，2009 年開始波段存股 0050 ETF

圖片來源：**https：//fred.stlouisfed.org/series/FEDFUNDS**

　　2008 年金融海嘯開始，美國聯準會開起降息循環，迅速將利率降至近於零水準，這時間又是投資人進場存 0050ETF 的時機。

　　2015 年 12 月 16 日，聯準會採取自金融危機以來首度的升息行動（調高聯邦基金利率一碼），隨後於 2016 年 12 月再升息 1 碼，2017 年、2018 年各升息三次、四次，每次均為 1 碼；2019 年 8 月起開始進入降息循環，跟著利率存股法這時就是賣出訊號。

　　2020 年全球發生新冠肺炎，美國聯準會在 2020 年 3 月再度將利率降至 0 至 0.25％，波段存 0050ETF 當時進場，又會是投資報酬率豐收的甜蜜點。

表 4-28

2009 至 2019 年波段存股 0050 ETF 試算結果

ETF 定期定額報酬率試算結果

投資標的	0050.TW
每月投資金額	5,000 台幣
投資時間	2009/12/01 – 2019/08/30
累積投資金額	585,000 台幣
股利金額	124,757 台幣
總持有股數	11,012.7682 股
手續費支出	0 台幣
總投資成本	585,000 台幣
資產終值	901,395 台幣
損益金額	316,395 台幣
總報酬率	54.08%
年化報酬率	4.53%

資料來源：**moneydj** 網站試算

　　投資人若從 2009 年 12 月，美國聯準會利率降至近於零開始存股 0050ETF，2019 年 8 月聯準會升息循環後開始降息出場，除了避開景氣不確定因素外，更一舉避開 2020 年新冠肺炎的股災。

表 4-29

2020 至 2022 年波段存股 0050 ETF 試算結果

ETF 定期定額報酬率試算結果

投資標的	0050.TW
每月投資金額	5,000 台幣
投資時間	2020/05/04 – 2022/04/01
累積投資金額	120,000 台幣
股利金額	4,634 台幣
總持有股數	1,029.7342 股
手續費支出	0 台幣
總投資成本	120,000 台幣
資產終值	141,022 台幣
損益金額	21,022 台幣
總報酬率	17.52%
年化報酬率	8.81%

圖片來源：**moneydj** 網站

跟著美國聯邦基金利率或十年期公債殖利率，進行波段存股法，在 2020 年 3 月美國利率再度降息至 0 ～ 0.25％，進場存 ETF，至 2022 年 3 月美國聯準會首次升息，將會完全搭上台股歷史大多頭市場。

一、買賣時的手續費與交易稅的成本

買賣股票時，不論賺錢或賠錢，都必須支付券商一筆手續費，目前手續費上限為成交金額的 0.1425%，由於手續費沒有下限規定，因此為了吸引客戶，各券商祭出各種的折扣，特別是網路下單，一般都有折扣的優惠。

定期定額存股族更須多方比較，才可降低成本。另外，賣股票時，還需付成交金額 0.3% 的交易稅。除了手續費與交易稅的成本之外，存股族需申報股利所得。

二、存股族申報股利所得有兩種方案

存股族在每年領完股利後，股利所得將被納入隔年的個人綜合所得來課稅。個人股東股利所得課稅，有兩種方案擇一計稅：一種是「股利所得合併計稅」，另一種是「單一稅率 28% 分開計稅」（仍合併申報），一般小資族多適用併入綜所稅申報，有股利 8.5% 的抵減稅額可以適用；課稅級距 30% 以上的所得者，採股利分離課稅單一稅率 28% 較有利。

股利所得合併計稅是指將全數股利所得併入綜所稅，計算出應納稅額後，再扣除可抵減稅額（股利 ×8.5%），就能得出實際須繳納的稅金，每戶最高抵減稅額上限為 8 萬元，若股利可抵減稅額高於應納稅額，還有機會退稅，對薪資所得不高的存股族可說是一大節稅的方法。

狀況一

司馬懿目前單身，年薪 45 萬元，年度股利所得 6 萬元，依所得稅適用級距稅率 5% 計算，採用「合併計稅」須繳納的稅金為：

（綜合所得總額 51 萬元－免稅額 8.8 萬元－單身者標準扣除額 12 萬元－薪資特別扣除額 20 萬元）× 稅率 5%
＝ 5,100 元

可抵減稅額則為 5,100 元（股利 6 萬元 × 8.5%）

由於沒有超過上限 8 萬元，司馬懿實際應繳納的稅額為 0 元（5,100 元－ 5,100 元）。

狀況二

司馬懿目前單身，年薪 36 萬元，年度股利所得 6 萬元，依所得稅適用級距稅率 5% 計算，採用「合併計稅」須繳納的稅金為：

（綜合所得總額 42 萬元－免稅額 8.8 萬元－單身者標準扣除額 12 萬元－薪資特別扣除額 20 萬元）× 稅率 5%
＝ 600 元，可抵減稅額則為 5,100 元（股利 6 萬元 × 8.5%）

由於沒有超過上限 8 萬元，因為司馬懿的股利可抵減稅額高於應納

稅額，可退稅 4,500 元。司馬懿實際應繳納的稅額為 0 元（5,100 元－600 元）。

至於單一稅率分開計稅，則是指股利所得不納入綜合所得，直接以 28% 稅率計算股利所得稅額，納稅義務人須再自行合併報繳其他所得的應納稅額。按照綜所稅的稅率級距計算，年度所得淨額超過 242 萬元、稅率級距為 30% 或 40% 的高所得者，較適合此一申報方式。

三、補充保費的成本

股票股利與現金股利納入課徵二代健保補充保費，凡單一公司發放的股利總額大於 20,000 元，就要繳交 2.11% 的補充保費。

> **公式** 補充保費＝股利總額 ×2.11%

股票股利扣取的計算方式，以股票法定面額每股 10 元計算，配股數乘以每股法定面額 10 元後，超過 20,000 元時，須扣繳 2.11% 的補充保費。

舉例說明

司馬懿買進一張國巨（2327）股票，參與除權息，股票股利為 10 元，現金股利為 20 元，在除權息基準日皆為 8 月 2 日，請問司馬懿需繳納多少補充保費？

· 股票股利為 10 元即為可配 1,000 股國巨的股票：

1,000 股 × 面額 10 元 ×10,000 元

· 現金股利為 20 元：

20 元 ×1,000 股 ×20,000 元

· 補充保費：

（10,000×20,000）×2.11% ×633 元

司馬懿需繳納 633 元補充保費。

—結語—

跟著全球最大主力賺錢

文末，來複習一下本書所提出的投資心法

人心會回心轉意！股價是無情、底部更是海底深淵，千萬千萬別在股價大幅下跌時隨便抄底！

2022年1月5日台股指數創下歷史新高18,619點，投資人欣喜若狂沒多久，隨著美國十年期公債殖利率從2020年3月最低點0.5%大幅度往上升至4%，台股跟著往下跌至2月24日的17,594點，指數跌破季線且季線往下彎，這時，投資人都傻眼了！

緊接著美國聯邦基金利率在3月開始升息，美國十年期公債殖利率與聯邦基金利率持續往上的趨勢儼然成形。台股指數也隨著持續往下探至17,000點、16,000點、15,000點及14,000點，每一個整數關卡，市場上都有許多投資專家、投資達人，甚至有政府官員出來喊同樣的話：「這是低點可以買進！」

殊不知：「海底深坑有底測，人心難測，股價的底部更難測！」

台股指數是否跌夠了？在多頭趨勢下，股市可以技術面來分析，在空頭趨勢下，我認為應該避免過高的風險，寧可在場外觀望。投資人永遠要記得：「天上掉下來的刀子不要接，接了容易受傷。」

《琅琊榜》歷史劇中，有一句霸氣的台詞：「既然他們要動用江湖勢力，我就要讓他們知道這江湖到底誰在作主。」

應用在股市上，同樣思維：「既然投資人要進入股市，投資人就要知道這股市到底誰在作主。」

也就要告訴投資人，股市多空趨勢是由各國央行來決定，更精確地說，是由美國聯準會來主導。

了解市場的多空決定者是各國央行，跟著央行的貨幣政策寬鬆或緊縮走，可以看清楚多空趨勢，「恐懼」與「貪婪」投資人就有了拿捏的分寸。

何時才是出手的最佳時機？本書教您從美國十年期公債殖利率與聯邦基金利率判斷多頭或空頭的趨勢。若您看不懂趨勢，在股市裡勝算就相當低，往往虧多賺少，最後，落得血本無歸的下場。

在《養一檔會掙錢的股票》書中，我就提過「別跟美國聯準會作對」。股票市場中，再強大的空方力量，都難以抵擋央行作多，這樣的思維與歐洲股神科斯托蘭尼終其一生的觀察是相呼應的。

科斯托蘭尼認為：股市漲跌的關鍵來自資金與信心，跟基本面一點關係都沒有。簡單來說，各國的「央行」正是股市裡的「超級大戶」，只要跟著央行的資金浪潮走，就有機會賺到錢。至於大戶央行到底想作多或作空，投資人只要觀察市場利率的變化，就可以對資金潮流了然於胸。相較之下，其他經濟指標就不是那麼重要了。

COVID-19 發生後，台股指數在 2020 年 3 月 19 日來到最低點 8,523 點，美國聯準會將聯邦基金的利率降至近於零，史無前例總共釋出 9 兆美元的量化寬鬆貨幣政策，美股四大指數與台股指數都創下歷史新高。

但 2022 年消費者物價指數 CPI 高漲啟動升息循環，2022 年上半年，全球資本市場，哀鴻遍野，S&P 500 跌了逾兩成，Nasdaq 跌了約三成，台股加權指數也跌了約兩成五，台灣的護國神山台積電更一度從最高 688 元慘跌至最低的 433 元，跌了近四成。這也確實的驗證了「別跟聯準會作對」的觀念心法。

▷▷ 只有資金行情　沒有景氣行情

　　從下圖 **5-1**、**5-21** 中可以看出，在 2009 年後，美國貨幣供給額 M2 顯著影響股市漲跌。這裡的「貨幣供給額 M2」就是「錢」，也就是「資金」。

　　不管是美國標普 500 指數或台股指數都隨著貨幣供給額 M2 增加而往上漲，特別是在 2020 年 COVID-19 發生後更明顯。由於貨幣供給額 M2 的增減是由央行控制。

　　同時驗證「只有資金行情　，沒有景氣行情」與「別跟聯準會作對」觀念心法。

圖 5-1

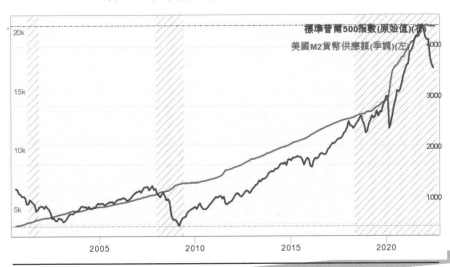

美國M2貨幣供應額(季調)(左)　　標準普爾500指數(原始值)(右)

圖 5-2

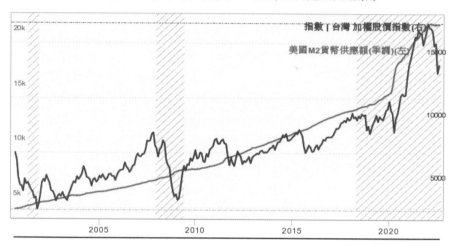

停損痛，不停損往往會更痛

索羅斯（George Soros）在 2008 年 8 月金融海嘯最嚴重時接受商業周刊的專訪。他說：「對任何事情，我和其他人犯同樣多的錯誤。不過，我的超人之處在於我能承認自己的錯誤。」索羅斯所謂的承認錯誤就是懂得「停損」。要了解，縱使是專家，也不可能每一次出手都賺錢。其實只要賺的錢比賠的錢更多，就算是股市贏家了。想要提

高賺錢的勝率，一定要嚴守「停損」與「停利」的紀律。

不要讓錢套在下跌中動彈不得，收回資金為下次的戰鬥做好準備，等待再起。

▷▷ 想賺錢？只有二個字「等待！」

司馬懿在誅殺曹爽時說：「我揮劍只有一次，可我磨劍磨了幾十年哪」

司馬懿的精神就是投資致勝之道，「等待」時機。投資股票最重要是「等待」，第二重要也是「等待」，第三重要同樣也是「等待」。

投資大師安德烈·科斯托蘭尼的名言：「股市裡所賺的錢往往不是靠腦袋，而是靠坐功。」而什麼是坐功呢？就是「等待」。

了解債券價格與利率呈反比關係是基本觀念後：

- 「等待」美國升息循環開始，賣出並且可以放空元大美債 20 年 ETF（00679B）與富邦美債 20 年 ETF （00696B）。

- 「等待」美國降息循環開始，回補空單並且可以買進元大美債 20 年 ETF（00679B）與富邦美債 20 年 ETF （00696B）。

- 「等待」國泰金（2882）與富邦金（2881）股價跌至 40 元以

下買進，「等待」美國聯邦基金利率與美國十年期公債殖利率來到 1% 以下時，國泰金（2882）與富邦金（2881）可因為股債雙漲，債券與股票的資本利得將大幅度提高，股價往往大漲一波。

- 「等待」美國聯邦基金利率來到 1% 以下時，開始買進股票作多；「等待」美國聯邦基金利率或美國十年期公債殖利率來到高點後，第一次轉折往下時，賣出股票或作空。

- 「等待」美元兌新台幣升值至 29.5 元且形成升值趨勢時，賣出美元；「等待」美元兌新台幣貶值至 30 元且形成貶值趨勢時，買進美元。

- 「等待」金融股總殖利率來到 5% 開始存定存股。

圖 5-3

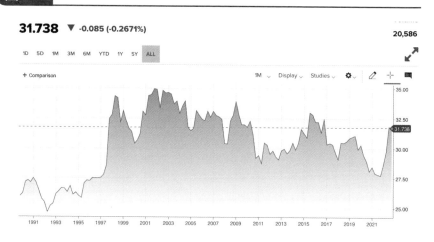

圖片來源：**CNBC** 網站

▷▷ 空頭守勢，多頭賺財富

何謂「空頭守勢」？謀士朱升為明朝朱元璋獻上這句話：「高築牆，廣積糧，緩稱王。」高築牆就是投資人心理素質要高，不要搶反彈，在空頭市場搶反彈贏的機率相當低；廣積糧就是把要投資的資金先存起來，等待多頭來臨；緩稱王就是用時間複利創造財富。

2000 年直到 2022 年 6 月的資料顯示，二十二年來，美國經濟90%以上都是處於復甦繁榮的局面，景氣衰退的時間不但縮短，且均迅速復甦，歸根究底，2009 年金融海嘯後，美國聯準會的量化寬鬆（增加貨幣供給）影響股市漲跌，現在美國是用錢來影響景氣；股市的表現就更敏感，面臨衰退，股市立即反應、加速探底，景氣一有回穩跡象，股市循環向上的速度，遠快於景氣循環的變化。

這是好消息，因為現在的年代，景氣好壞因資金變動相當快，景氣衰退不會太久，投資人廣積糧的時間，將不會太久。

business B
07

40 歲開始子彈存股翻倍賺

億元教授教你看準趨勢，跟著升息循環買賣，快速實現財富自由

作　　者	鄭廳宜
責任編輯	鍾宜君
封面設計	木木 Lin
內文排版	簡單瑛設
攝　　影	宇曜影像

出　　版	境好出版事業有限公司
總 編 輯	黃文慧
副總編輯	鍾宜君
行銷企畫	胡雯琳
地　　址	10491 台北市中山區復興北路 38 號 7F 之 2
粉 絲 團	https://www.facebook.com/JinghaoBOOK
電子信箱	JingHao@jinghaobook.com.tw
電　　話	(02)2516-6892
傳　　真	(02)2516-6891

發　　行	采實文化事業股份有限公司
地　　址	10457 台北市中山區南京東路二段 95 號 9 樓
電　　話	(02)2511-9798 傳真：(02)2571-3298
采實官網	www.acmebook.com.tw
法律顧問	第一國際法律事務所余淑杏律師
定　　價	420 元
初版五刷	2022 年 11 月
I S B N	978-626-7087-65-7
E I S B N	978-626-7087-65-7 (EPUB)
E I S B N	978-626-7087-65-7 (PDF)

特別聲明：
有關本書中的言論內容，不代表本公司立場及意見，由作者自行承擔文責。

40 歲開始子彈存股翻倍賺 / 鄭廳宜作 . -- 初版 . -- 臺北
市 : 境好出版事業有限公司出版 : 采實文化事業股份有
限公司發行 , 2022.11
256 面；17X23 公分 . -- (business；7)
ISBN 978-626-7087-65-7(平裝)

1.CST: 股票投資　2.CST: 投資技術　3.CST: 投資分析
563.53　　　　　　　　　　　　　　　111015618